Band 1: SLE 1–30

Peter Wierichs

Spanische Grammatik für Selbstlerner

in 50 ***S***elbst***L***ern***E***inheiten

Band 1

Nach einem Konzept von Petra Iking und Peter Wierichs

Schmetterling Verlag

Bibliografische Informationen *Der Deutschen Bibliothek*
Die Deutsche Bibliothek verzeichnet diese Publikation in
der Deutschen Nationalbibliografie;
detaillierte Daten sind im Internet über
http://dnb.ddb.de abrufbar

Schmetterling Verlag GmbH
Lindenspürstr. 38b
70176 Stuttgart
www.Schmetterling-Verlag.de
Der Schmetterling Verlag ist Mitglied von aLiVe.

ISBN 3-89657-709-3
1. Auflage 2006
Printed in Germany

Satz und Reproduktionen: Schmetterling Verlag
Druck: GuS-Druck GmbH, Stuttgart
Binden: IDUPA, Owen

Vorwort

Die Herausforderung, in kurzer Zeit eine Sprache neu zu erlernen oder Kenntnisse, die möglicherweise nur noch rudimentär vorhanden sind, bis zur Kommunikationsfähigkeit ausbauen zu müssen, ist wahrlich nicht neu. Sie erhält jedoch spätestens seit dem ausgehenden 20. Jahrhundert eine verschärfte Relevanz durch die Globalisierung der Wirtschaft und der damit einhergehenden Forderungen an die Arbeitnehmer nach internationaler Kommunikationsfähigkeit sowie interkultureller Kompetenz. Flankierend forderte die Europäische Union in ihrem Weißbuch zum Fremdsprachenunterricht, der europäische Bürger solle neben seiner Muttersprache in zwei weiteren Sprachen kommunizieren können. Diesen hehren Zielen steht eine Realität gegenüber, die nicht einmal in Grenzregionen eine Zweisprachigkeit gewährleistet. Die geforderte Dreisprachigkeit gar ist leider immer noch die Ausnahme. Jedoch wurde ein Prozess angestoßen, der zu neuen Formen des Lehrens und Lernens führte, natürlich stark beschleunigt durch den Siegeszug der digitalen Medien, der aber auch im konventionellen Bereich der Lernmedien Wirkungen zeitigte. Die inzwischen sowohl im Bereich der Erstausbildung als auch der beruflichen oder wissenschaftlichen Weiterbildung ständig nachgefragten «Schlüsselqualifikationen» werden nicht selten direkt mit fremdsprachlicher Kompetenz in Verbindung gebracht, wobei die Elemente «Lernökonomie», «Effizienz» und «Flexibilität» als Forderungen an den Lernprozess mit einhergehen. Der Wunsch, angesichts dieses dynamisierten Anforderungsszenarios einen kleinen Beitrag – zumindest im Bereich des traditionellen und als Basis des Sprachlernprozesses immer noch dominanten klassischen Mediums Buch – zu leisten, führte zur Entwicklung des Konzepts der ***S***elbst***L***ern***E***inheiten, die hier für die Sprache Spanisch vorgelegt werden.

Diese ***SLE***s wenden sich an eine bestimmte Zielgruppe, d.h. an den erwachsenen Sprachlerner ohne spezielle philologische Vorbildung, dessen Muttersprache Deutsch ist. Dieser Lerner kann bereits über Grundkenntnisse verfügen, die er reaktivieren möchte, oder die Sprache gänzlich neu erlernen wollen. Unabhängig davon, ob der Sprachlernprozess innerhalb einer Institution – sei es die gymnasiale Oberstufe, die Hochschule oder die berufliche Aus- und Weiterbildung – erfolgt oder im reinen Selbststudium betrieben wird, für beide Situationen ist der Einsatz der ***SLE***s möglich. Sie können mithin additiv zur Präsenzlehre, integrativ zur Flexibilisierung und Effizienzsteigerung von (Intensiv-) Lehrgängen sowie – insbesondere wenn Vorkenntnisse aktiviert werden sollen – eine Präsenzveranstaltung ersetzend Verwendung finden.

Die Ziele, die mit dem Einsatz dieser ***SLE***s erreicht werden können, müssen natürlich realistisch relativiert werden. Sie können und wollen sich nicht an dem Ideal der muttersprachlichen Kompetenz orientieren. Vielmehr soll mit einem eingeschränkten Repertoire an kommunikativen Mitteln und Strategien ein zeit- und lernökonomisch effizienter Weg zu einer Sprachbefähigung aufgezeigt werden, die hauptsächlich im rezeptiven und (re-)produktiven schriftlichen Bereich anzusiedeln ist.

Um dem erwachsenen Lerner eine möglichst adäquate Hilfestellung zu geben, wurden die Lerninhalte modularisiert und in ein funktionales Instruktionsdesign gebracht. Hiermit geht eine intendierte Komplexitätsreduktion einher. Als Metasprache wurde bewußt das Deutsche gewählt, einerseits um den Lerner bei seiner muttersprachlichen Kompetenz «abzuholen», andererseits aber auch, um Probleme des Fremdsprachenerwerbs, die eben aus dieser Muttersprache resultieren, direkt thematisieren zu können. Der Instruktionstext, dessen Grundtenor narrativ ist, impliziert eine spezifische Mikro- und Makrostruktur, die dem Lerner rasch vertraut wird. Dieser Lehrtext ist rezipientenorientiert in seiner Diktion, wobei der Adressat das idealtypische Konstrukt eines erwachsenen Lerners ohne spezielle linguistische Fachausbildung darstellt. Die antizipierten kognitiven Möglichkeiten dieses impliziten Rezipienten basieren auf der umfangreichen Erfahrung mit den ***SLE**s*, insbesondere im Hochschulbereich in der Sprachlehre für Studenten nicht-philologischer Studiengänge.

Die fremdsprachendidaktische Forschung kennt noch keinen Königsweg für das Erlernen einer Fremdsprache. Es führen viele Wege nach Rom, wie wir alle wissen. Einer dieser Wege können die ***SLE**s* sein.

Eine Fremdsprache wird gelegentlich als Dschungel erlebt. Die ***S**elbst**L**ern**E**inheiten* stellen eine Navigationsmöglichkeit dar, um sich im lebenslangen Prozess des Lernens Wege zu einer fremdsprachlichen Handlungskompetenz selbständig zu erschließen.

Petra Iking

Spanische Grammatik für Selbstlerner in 50 *S*elbst*L*ern*E*inheiten

Eine ***S*elbst*L*ern*E*inheit**
- was ist das eigentlich?
- wie funktioniert sie?

Auf den nachfolgenden Seiten sollen Ihnen einige Grundlagen der spanischen Grammatik in (zunächst 30) so genannten «***S***elbst***L***ern***E***inheiten» vermittelt werden. Dabei macht es keinen Unterschied, ob Sie sich zum ersten Mal mit dieser Sprache beschäftigen oder nur Ihre «eingerosteten» Kenntnisse wieder aufpolieren wollen – das Buch soll Ihnen die Erarbeitung dieses Teils Ihres Lernpensums ohne die Hilfe einer Lehrperson ermöglichen. Der Vorteil für Sie liegt auf der Hand: Sie können nach Ihrem eigenen Rhythmus vorgehen und Ihre Arbeistzeit frei einteilen. Und wenn Sie gleichzeitig an einem Sprachkurs teilnehmen, bleibt die wertvolle Zeit im Kursraum jenen Aktivitäten vorbehalten, die man für sich alleine nicht oder kaum betreiben kann, etwa dem Sprechen.

Was Ihnen auf den ersten Blick auffallen wird, ist die relativ große Textmenge, die sich vor Ihnen auftut. Sie ergibt sich aus dem Bemühen, jedes Detail zu erklären, und zwar so ausführlich und so anschaulich wie möglich. Diese Texte können Sie gründlich studieren – beispielsweise wenn Ihnen der Stoff zum ersten Mal präsentiert wird – oder auch nur kurz überfliegen, wenn Sie von früher her noch im Bilde sind. Dabei wird Ihnen jeder grammatikalische Begriff – wie Subjekt, Objekt, Possessivbegleiter oder Demonstrativpronomen – eingehend erklärt (wie es eine Dozentin oder ein Dozent auf Nachfrage täte). Bald werden Sie feststellen, dass Sie trotz dieser Textfülle zügig vorankommen. Steiniger wird der Weg allenfalls, wenn größere Schemata – etwa mit Verbformen – auftauchen, die auch Sie natürlich lernen oder wiederholen müssen – denn der Nürnberger Trichter wurde leider bis heute nicht erfunden. Grundsätzlich ist aber versucht worden, Sie mit allzuviel «Fachchinesisch» zu verschonen. Bei den absolut erforderlichen Begriffen wurde übrigens auf die traditionellen Ausdrücke (wie Subjekt, Prädikat etc.) zurückgegriffen, die eigentlich jeder von der Schule her kennt. Nur wenn es sich um ein «typisch spanisches» Phänomen handelt, steht der spanische Begriff (etwa *gerundio*).

Alle Erläuterungen erfolgen natürlich in Ihrer Muttersprache – sie stellen ja nur den Weg zum Spanischen dar, und der sollte so bequem gangbar sein wie eben möglich. Auch der gedankliche Ausgangspunkt bei allen Erläuterungen ist Ihre Muttersprache: Wenn Sie etwa beim Wechsel ins Spanische gründlich umdenken müssen (was leider gar nicht so selten vorkommt), wird Ihnen gesagt, wo das Problem liegt und worin die Falle besteht, in die Sie leicht tappen könnten. Aus diesem Vorgehen ergibt sich dann auch eine Antwort auf so kitzlige Fragen wie «Was heißt eigentlich ‹sollen› auf Spanisch?» oder «Wie drücke ich mich aus, wenn ich etwas ‹weiter› tue?»

Die vorliegenden 30 Selbstlerneinheiten (Band I) beginnen mit den «einfachsten» Themen und schreiten dann langsam zu den komplexeren vor. Diese Reihung folgt weitgehend dem Buch *Tramontana*. Sie können aber auch ohne dieses Lehrwerk oder mit einem anderen Buch arbeiten, denn nichts und niemand zwingt Sie, die ***S***elbst***L***ern***E***inheiten in der vorgegebenen Reihenfolge durchzuarbeiten. Gerade beim Wiederholen kann es durchaus sinnvoll sein, sich auf bestimmte – besonders stark in Vergessenheit geratene – Kapitel zu konzentrieren und sich andere dafür zu schenken.

Jedes sprachliche Detail wird also in kleinen, systematischen Schritten erläutert, und jeder einzelne Schritt ist mit reichlich Beispielmaterial versehen. Das, was Ihnen gerade mit Hilfe des Beispiels gezeigt werden soll, ist zusätzlich durch Fettdruck hervorgehoben – so wie der Cursor Ihres Computers zeigen Ihnen die markierten Buchstaben, wo Sie bei der Arbeit gerade stehen. Um Ihnen die Orientierung innerhalb des Textes zusätzlich zu erleichtern, sind alle spanischsprachigen Passagen durch Kursivdruck von den deutschen abgesetzt. Das bedeutet für Sie: *kursiv = spanisch*, Normaldruck = deutsch. Beispielsätze sind in der Regel übersetzt – diese Wiedergabe können Sie natürlich ignorieren, wenn Sie sie nicht benötigen. Da es sich um eine reine Hilfsfunktion handelt, sind solche deutschen Sätze (wie alle übrigen Hilfen) in einer kleineren Schriftart gesetzt.

Wenn nötig tauchen Lerntipps auf, die Ihnen helfen sollen, ein Problem durch systematisches Vorgehen besser in den Griff zu bekommen – vor allem, wenn es sich einmal nicht so klar und griffig in Regeln fassen läßt, an denen man sich gedanklich «langhangeln» kann.

Darüber hinaus ist versucht worden, den vermittelten Stoff auf ein Minimum zu reduzieren. Wie heißt es doch so schön auf neudeutsch: «Nobody is perfect». Mit anderen Worten: Spanisch «wie mit Messer und Gabel» wird vorerst niemand von Ihnen erwarten. Deshalb konzentrieren sich diese ***S***elbst***L***ern***E***inheiten so weit wie möglich auf jenes Basiswissen, das erforderlich ist, damit Ihre sprachliche Äußerung «rüberkommt». Das heißt im Einzelfall: Wenn es verschiedene Möglichkeiten gibt, ein und denselben Sachverhalt auszudrücken, finden Sie hier nicht unbedingt die schönste und eleganteste – sondern die für einen deutschsprachigen Spanischlerner einfachste und einsichtigste. Vieles müssen Sie auch nur passiv beherrschen, um gesprochenes oder geschriebenes Spanisch zu verstehen – wir weisen dann darauf hin. Und wenn Sie doch einmal etwas über dieses Minimum hinausgehendes erfahren sollen, finden Sie es unter dem Titel: «Wenn Sie´s noch genauer wissen wollen ...»

Viele ***S***elbst***L***ern***E***inheiten beginnen mit der Rubrik «Was Sie schon kennen» oder «Was Sie schon wissen». Im ersten Fall wird an ein zuvor behandeltes Thema angeknüpft. Um Ihnen nerviges und zeitraubendes Blättern zu ersparen, haben Sie hier die Gelegenheit, sich die wichtigsten Punkte noch einmal ins Gedächtnis zu rufen. Wenn Sie jedoch das Gefühl haben, dass Sie noch im Bilde sind, können Sie diesen Absatz natürlich auch nur kurz überfliegen oder ganz überspringen. Die Rubrik «Was Sie (bestimmt) schon wissen» knüpft (logischerweise) an Ihr Vorwissen an: Hier geht es um das, was im Grunde jeder weiß (und ebenso oft vergessen hat). Auch hier gilt also wieder: Nur bei Bedarf konsultieren!

Am Schluss einer ***S***elbst***L***ern***E***inheit finden Sie in der Regel etwas Übungsmaterial und am Ende des Bandes die Lösungen. Dabei handelt es sich um «minimalistische» Übungen, die sich soweit wie möglich auf das eben Gelernte konzentrieren, andere Fragen und Probleme dafür möglichst ausklammern. Sie können so selbst austesten, ob der «neue» Stoff schon sitzt – oder ob Sie sich das eine oder andere Schema vielleicht doch noch einmal vornehmen müssen ...

Wenn Sie diese 30 ***S***elbst***L***ern***E***inheiten durchgearbeitet haben und Lust auf «mehr» verspüren, Ihre Spanischkenntnisse also weiter vertiefen möchten, können Sie zu Band II greifen, der weitere 20 ***S***elbst***L***ern***E***inheiten komplexeren Inhalts (mit zahlreichen Rückbezügen und Wiederholungen) enthält.

Viel Spaß und gutes Gelingen!

Peter Wierichs

☝ Für den Fall, dass Sie es einmal ganz genau wissen wollen ...

Für diesen Fall finden Sie hier einige umfangreichere Grammatiken, mit deren Hilfe Sie einem Problem eingehend auf den Grund gehen können.

Butt, John und Benjamin, Carmen *A New Reference Grammar Of Modern Spanish*. London-New York-Sydney-Auckland 1994 (2. Aufl.).

Cartagena, Nelson und Gauger, Hans-Martin *Vergleichende Grammatik spanisch-deutsch.* 2 Bde, Mannheim-Leipzig-Wien-Zürich, Dudenverlag 1989

de Bruyne, Jacques *Spanische Grammatik*. Tübingen, Niemeyer 1993

Reumuth, Wolfgang und Winkelmann, Otto *Praktische Grammatik der spanischen Sprache.* Wilhelmsfeld, Egert-Verlag 1993 (2. Aufl.).

Sarmiento, Ramón und Sánchez, Aquilino *Gramática básica del español.* Madrid, SGEL 1999.

Inhalt

■ SLE 1: **Erste Orientierungshilfen**

Um Ihnen erste Eindrücke zu vermitteln, stellen sich hier eine Deutsche und ein Spanier vor. Das meiste dürften Sie ohne weiteres verstehen, sonst hilft Ihnen die Übersetzung weiter.

Apellidos: Familiennamen	*Becker*
Nombre: Vorname	*Kristina*
Fecha de nacimiento: Geburtsdatum	*10 – 6 – 76*
Lugar de nacimiento: Geburtsort	*Münster*
Nacionalidad: Staatsangehörigkeit	*alemana* deutsch
Estado civil: Familienstand	*soltera* ledig
Profesión: Beruf	*estudiante* Studentin
Dirección: Adresse	*Kreuzstraße 35*
Teléfono: Telefon	*0251 – 56 71 34 6*

Buenos días. Me llamo Kristina Becker.
(etwa:) Guten Morgen[1]. Ich heiße Kristina Becker.

Tengo veintidós años. — Ich bin 22 Jahre (alt).
Soy alemana. — Ich bin Deutsche.
Estoy soltera. — Ich bin ledig.
Soy estudiante. — Ich bin Studentin.
Vivo en Münster. — Ich wohne (lebe) in Münster.

Apellidos: Familiennamen	*Gonzalo Núñez*
Nombre: Vorname	*Ramón*
Fecha de nacimiento: Geburtsdatum	*14 – 3 – 70*
Lugar de nacimiento: Geburtsort	*Salamanca*
Nacionalidad: Staatsangehörigkeit	*española* spanisch
Estado civil: Familienstand	*casado* verheiratet
Profesión: Beruf	*empleado* Angestellter
Dirección: Adresse	*Carretera de Madrid, 64*
Teléfono: Telefon	*003423 – 69 28 39 11*

1 Bis 12 Uhr *Buenos días*, 12 bis ca. 19 oder 20 Uhr *Buenas tardes*, ab ca. 20 Uhr *Buenas noches*.

Buenas tardes. Me llamo Ramón Gonzalo.
(etwa:) Guten Tag. Ich heiße Ramón Gonzalo.

Tengo veintiocho años. — Ich bin 28 Jahre (alt).
Soy español. — Ich bin Spanier.
Estoy casado[2]. — Ich bin verheiratet.
Soy empleado. — Ich bin Angestellter.
Vivo en Salamanca. — Ich wohne (lebe) in Salamanca.

1. Sätze ohne Personalpronomen: Das Pronomen steckt in der Verb-Endung.

Kristina und Ramón haben sich in sechs kurzen Sätzen vorgestellt, die eigentlich alle mit dem **Personalpronomen** (persönlichen Fürwort) «ich» beginnen müssten. Dieses «ich» haben Sie jedoch vergeblich gesucht, denn es steckt in der Verb-Endung:

*Viv**o** en Salamanca.* — **Ich** wohne (eigentlich: lebe) in Salamanca.

Bei dem – regelmäßigen – **Verb** (Tätigkeitswort) *vivir* (und den meisten anderen) steht im **Präsens** (Gegenwartsform) für «ich» die Endung *-o*. **Personalpronomen**, die es natürlich auch gibt, setzen die Spanier nur, wenn sie betont werden, wenn es beispielsweise heißen soll «**Ich** lebe in Salamanca – und ihr?»[3]

2. Regelmäßige und unregelmäßige Verben: konjugieren nach einem bestimmten Muster, Ausnahmen «pauken» oder einzeln lernen

Viele Sätze beginnen im Spanischen also direkt mit dem Verb: ***Soy** alemana.* ***Vivo** en Münster.* Dieses Verb kann regelmäßig oder unregelmäßig sein.

Regelmäßige Verben (wie *vivir*) werden immer nach einem bestimmten Muster gebildet. Kenne ich dieses Schema erst einmal, dann kann ich jedes weitere Verb der entsprechenden Gruppe problemlos bilden oder **konjugieren**.

Viele spanische Verben sind gewissermaßen weder Fisch noch Fleisch, weder vollkommen unregelmäßig noch total regelmäßig. Oft weicht nur eine einzige Person vom Schema ab (im Präsens meistens die Ichform) oder ein Laut verändert sich. In diesem Fall genügt es, wenn Sie sich diese charmanten kleinen Besonderheiten einprägen.

Bei einer relativ kleinen Zahl an Verben (zum Beispiel *ser*) sind diese «Unregelmäßigkeiten» stark ausgeprägt oder dominieren sogar. Da hilft leider nichts als pauken! Das Gemeine ist nämlich, dass die **unregelmäßigsten Verben** gleichzeitig die am häufigsten gebrauchten sind.

---

2 Adjektive, die einen Familienstand ausdrücken, können auch mit *ser* verwendert werden. Bei anderen Adjektiven ist dies jedoch nicht möglich oder die Bedeutung ändert sich (vgl. SLE4).

3 Anders die Südamerikaner. Sie setzen die Personalpronomen immer. Derselbe Satz hieße dann: ***Yo** vivo en Salamanca.*

3. Zwei Verben für «sein»: *ser* und *estar*

Noch an einer anderen Stelle haben Sie vielleicht verwundert den Kopf geschüttelt:

***Soy** español.* — Ich **bin** Spanier.
***Estoy** casado.* — Ich **bin** verheiratet.

Zweimal kommt hier im Deutschen das Verb «sein» vor, während in den entsprechenden spanischen Sätzen verschiedene Verbformen stehen: *soy* und *estoy.* Die entsprechenden **Infinitive** oder Grundformen lauten *ser* beziehungsweise *estar.*

Es macht wenig Sinn, darumherum zu reden: Leider gibt es im Spanischen zwei verschiedene Verben für «sein», die meistens nicht nach Belieben verwendet werden können. Mehr dazu verraten wir Ihnen in SLE 4.

4. Die Form *me llamo:* «ich nenne mich» statt «ich heiße»

Etwas aus der Reihe tanzt der allererste Satz:

***Me** llamo Kristina Becker.* — Ich heiße Kristina Becker.

Auf den ersten Blick ein Wort zu viel: Das «ich» steckt ja in der Endung *–o* und würde überdies, falls vorhanden, mit *yo* wiedergegeben und nicht mit *me.* Was hat es also mit diesem *me* auf sich?

Des Rätsels Lösung ist, dass wir *me llamo* eigentlich mit «ich rufe / nenne **mich**» wiedergeben müssten. Die Logik dabei ist: Wenn sich jemand selbst Kristina Becker nennt, heißt er oder sie auch so! Bei *llamarse* (hier der Infinitiv) handelt es sich also um ein **reflexives** (rückbezügliches) **Verb** (wie «sich freuen», «sich waschen» etc.) Sie lernen es gleich zu Anfang Ihres Kurses kennen, um sich vorstellen zu können.

5. Angleichen: Veränderungen je nach Bezugswort

Auf den ersten Blick etwas verwirrende Dinge tun sich nicht nur bei den Verben, sondern auch am Ende einiger anderer Wörter:

Ramón: «Soy español.» — Ramón: «Ich bin Spanier.»
*Kristina: «Soy aleman**a**.»* — Kristina: «Ich bin Deutsche.»

*Nacionalidad: español**a** /aleman**a**.*
Nationalität: spanisch / deutsch.

Im ersten Satz heißt es *español,* hinter *nacionalidad* jedoch *española.* Die Erklärung ist simpel: Die erste Form bezieht sich auf den (eindeutig männlichen) Ramón, die Zweite auf das weibliche **Substantiv** (Hauptwort) *la nacionalidad.* Als weibliche Endung wird hier ein *a* angehängt. Dementsprechend sagt die (ebenfalls weibliche) Kristina über sich: *Soy aleman**a**.* Bei einem männlichen Mitstudenten hieße es: *Soy alemán*.

Das *a* fällt in diesem Fall unter den Tisch. Das funktioniert zwar nicht immer exakt genauso, das Prinzip sollten Sie aber im Hinterkopf behalten: **Adjektive** (Eigenschaftswörter) werden an ihr Bezugswort angeglichen. Ihre Endung kann sich also verändern, je nachdem ob das betreffende Wort männlich oder weiblich ist, im Singular oder Plural steht. Dasselbe gilt für Nationalitätsbezeichnungen («Deutsche/r», «Spanier/in» etc.), die von dem jeweiligen Adjektiv abgeleitet sind (vgl. SLE 12).

6. Übersetzen ist nicht immer gleich übersetzen: Im Spanischen «hat» man soundsoviel Jahre.

Nun haben Sie sich gerade mit dem Gedanken angefreundet, dass es im Spanischen zwei unterschiedliche Verben für das schlichte deutsche «sein» gibt, und schon stoßen Sie einen Satz wie diesen:

***Tengo** veintidós años.* — Ich **bin** zweiundzwanzig (Jahre alt).

Also noch ein drittes Verb für «sein»? Nur keine Panik, *tengo* bedeutet nicht «ich bin», sondern «ich habe». Die Spanier drücken sich bei Altersangaben nur etwas anders aus als wir. Im Spanischen «hat» man immer eine bestimmte Zahl an Jahren – wenn Sie sich «auf dem Buckel» dazudenken, können Sie diese Redewendung im Deutschen sogar nachvollziehen.

Was wir damit sagen wollen: Vieles können Sie nicht wörtlich von einer Sprache in eine andere übersetzen. Das Spanische «funktioniert» in vielen Punkten vollkommen anders als Ihre Muttersprache, und wörtliches Übersetzen produziert dann nur sprachlichen Nonsense. Wir werden Sie im Verlauf dieses Kurses immer wieder auf solche kritischen Punkte hinweisen.

Übung

Versuchen Sie doch einmal, sich selbst schriftlich vorzustellen. Bei der Altersangabe können Sie die entsprechende Ziffer einsetzen. Ihren Beruf finden Sie (hoffentlich) im Wörterbuch. Zum Familienstand: «geschieden» heißt *divorciado* (bei Männern) und *divorciada* (bei Frauen).

Unser Beispiel:

Me llamo Lars Berger. Tengo 35 años. Soy ingeniero. Estoy casado. Vivo en Dortmund.

____

____

____

____

______________________________________.

■ SLE 2: **1. Das spanische Alphabet**
2. Grundlagen der Aussprache

1. Das spanische Alphabet: Viele Buchstaben klingen wie im Deutschen.

Wenn Sie irgendwann durch ein spanischsprachiges Land reisen, werden Sie vermutlich schon bald Ihren – für die Ohren der Einheimischen exotisch klingenden – Namen buchstabieren müssen. Mit anderen Worten: Sie sollten das spanische Alphabet lernen.

Hier zunächst ein Alphabet, wie Sie es seit Grundschulzeiten kennen. Nur die «eingekreisten» Buchstaben klingen beim Buchstabieren anders als im Deutschen (und werden deshalb im folgenden vorgestellt), alle übrigen können Sie aussprechen wie gewohnt.

A B [C] D E [F] [G] [H] I [J] K [L] [M] [N] O P Q [R]

[S] T U [V] [W] [X] [Y] [Z]

C	stimmloses englisches *th* + *e* oder scharfes *s* + *e*
F	«efe»
G	deutsches ch+e
H	etwa «atsche»
J	etwa «chota»
L	«ele»
M	«eme»
N	«ene»
R	«ere»
S	«ese»
V	«ube»
W	«ube doble»[1]
X	«ekis»
Y	«i *griega*»[2]
Z	stimmloser engl. *th* + *«eta»* / scharfes *s* + *«eta»*

Als weitere Buchstaben gelten im Spanischen:
CH LL Ñ RR

CH	etwa «tsche»
LL	in der Mitte ein weiches *j*
Ñ	auf das *n* folgt ein weiches *j*
RR	das *r* also stärker rollen

Sie finden sich im Wörterbuch traditionell im Anschluss an die «einfachen» Buchstaben: CH folgt auf C, LL auf L und so weiter. So kommt ***band**olera* vor ***baña**dera*, und alle Wörter, die

1 also eigentlich «Doppel-V»
2 eigentlich «griechisches i»

mit CH beginnen, sind in einer eigenen Rubrik hinter dem Buchstaben C angeordnet – unter C werden Sie also ein Wort wie *chocolate* nicht finden![3]

Die Namen der Buchstaben sind übrigens weiblich:

Núñez se escribe con acento en ***la u.***
Núñez schreibt sich mit Akzent auf dem u.

2. Die spanische Aussprache: geringe Abweichungen vom Schriftbild

Die spanische Aussprache ist eigentlich nicht besonders kompliziert, weil Lautbild und Schrift einander in den meisten Punkten entsprechen. Trotzdem schleichen sich immer wieder Aussprachefehler ein, weil es eben doch einige gewöhnungsbedürftige Abweichungen gibt. Außerdem treten manchmal Schwierigkeiten mit der Betonung auf. Die meisten dieser Fehler lassen sich aber nach kurzer Eingewöhnungszeit ausmerzen.

Hier ein weiteres – diesmal spanisches – Alphabet mit allen «Sonderbuchstaben». Es soll Ihnen einen ersten Eindruck vermitteln. Die eingekreisten Buchstaben haben ihre Tücken: Hier kann die Aussprache beträchtlich von dem abweichen, was Sie von der Muttersprache her erwarten. Bei den unterstrichenen Buchstaben sind die Unterschiede geringer und bei den nicht weiter gekennzeichneten Buchstaben können Sie getrost davon ausgehen, dass sie praktisch genauso ausgesprochen werden wie im Deutschen.

A	B	C	CH	D	E	F	G	H	I	J	K	L	LL	M	N	Ñ
O	P	Q	R	RR	S	T	U	V	W	X	Y	Z				

Als Beispiele haben wir Wörter ausgewählt, die Ihnen irgendwie bekannt vorkommen werden. Sie heißen genau das, was Sie glauben (haben aber oft noch andere Bedeutungen).

2.1 Besonderheiten bei den Konsonanten: Vor allem bei *c* und *g* ist Aufmerksamkeit angesagt.

Bei den **Konsonanten** (Mitlauten) sind vor allem das *c* und das *g* etwas gewöhnungsbedürftig. Hier ändert sich die Aussprache nämlich je nachdem, ob ein heller (*e* oder *i*) oder ein dunkler Vokal (*a, o, u*) beziehungsweise ein Konsonant folgt.

C

Vor den «dunklen» **Vokalen** (Selbstlauten) *a, o, u* und vor Konsonanten wird das *c* wie *k* gesprochen:

Carlos, cabaret, cabina, café, Cuba, cristal, crítico, crédito

☞ **Also: Bei *ca- co- cu-* ein *k* sprechen!**
ka- ko- ku-

3 Seit Anfang der 1990er Jahre werden *ch* und *ll* – wie im Deutschen – integriert.

Vor den «hellen» Vokalen *e* und *i* klingt das *c* wie ein stimmloses englisches *th* (etwa in «thing»). In Lateinamerika, aber auch in Teilen Spaniens hört man anstelle dieses Lautes auch ein scharfes *s* (wie in «ist» oder «fast»). Mit anderen Worten: Wenn Ihnen das stimmlose *th* Schwierigkeiten bereitet, sprechen Sie ruhig ein scharfes *s*.

***C**ecilia, **c**ensura, **c**erámica, **c**entro, **c**irculación*

☞ **Also: Bei *ce- ci-* ein «th» oder scharfes *s* sprechen!**

G

Auch beim ***g*** müssen Sie zwischen «dunklen» *Vokalen/Konsonant* bzw. «hellen» *Vokalen* unterscheiden.

G vor *a, o, u* bzw. *Konsonant* wird «ganz normal» wie *g* ausgesprochen.

***g**alería, **g**araje, **g**loria*

☞ **Also: Bei *ga- go- gu-* und *g* + Konsonant ein *g* sprechen!**

G vor *e* und *i* klingt wie ein deutsches *ch* (in «Dach», «flach» oder «Kachel»).

***g**eneral, **g**igante, Ar**g**entina, **G**ibraltar*

☞ **Also: Bei *ge- gi-* ein (deutsches) *ch sprechen!***

Oft wird Ihnen die Buchstabenfolge *gu* + *e* oder *i* unterkommen. Hier spricht man das *g* natürlich wie g, da ja ein *u* folgt. Wichtig ist, dass Sie das *u* nicht sprechen. (Seine einzige Funktion besteht nämlich darin, das *g* wie g klingen zu lassen.)

***gue**rrilla, Mi**gue**l, **gui**llotina*

☞ **Also: *gue- gui-* klingen wie *ge* bzw. *gi***

H

Das ***h*** wird nie gesprochen.

***h**acienda, **h**igiene, **h**istoria, **h**orizontal*

J

Das ***j*** klingt genauso wie ein *g* vor *e* und *i*, also wie ein deutsches *ch*.

***J**uan, **J**apón, **J**esús, **j**ovial, **j**úbilo, **j**usticia*

☞ **Also: *j* wie ein deutsches *ch sprechen!***

Q

Ein ***q*** wird ganz anders gesprochen als im Deutschen, nämlich wie *k*, das *u* ist nicht zu hören.

***Qu**ito, **qu**iosco*

☞ **Also: *qu* wie *k* sprechen!**

V

Ein ***v*** wird als weiches *b* gesprochen (und klingt damit praktisch genauso wie das spanische *b*).

Valencia, vino, variedad, visita, Sevilla

Z

Das ***z*** entspricht in der Aussprache dem *c* vor *e* und *i*, wird also wie ein stimmloses *th* bzw. scharfes *s* gesprochen.

plaza, zoo, Ibiza

☞ **Also: *z* klingt wie englisches *th* bzw. scharfes *s*.**

CH

Das spanische ***ch*** unterscheidet sich in der Aussprache gründlich vom deutschen: Es wird wie *tsch* gesprochen.

***Ch**ile, **ch**ocolate, **ch**eque, **Ch**ina*

LL

Die Buchstaben ***ll*** sprechen Sie wie *l* + weiches ***j*** (etwa in «Familie», «Petersilie»). Auf den ersten Blick verblüffend: Manche Wörter beginnen mit ***ll*** (z.B. ***ll**amar,* u.a. *«rufen»*, vgl. SLE 1).

*Sevi**ll**a, guerri**ll**a*

Ñ

Das ***ñ*** klingt wie ein *n* + weiches *j (*etwa in «Champignon»).

*Espa**ñ**a, se**ñ**or, se**ñ**ora, se**ñ**orita*

RR

Vermutlich allgemein bekannt ist, dass man das spanische ***r*** mit der Zunge rollt. Das ***rr*** wird besonders kräftig gerollt.

*Nava**rr**a*

2.2. Doppellaute: Beide Laute sind zu hören.

Als Doppellaut oder **Diphthong** bezeichnet man eine Folge von zwei Vokalen innerhalb einer Silbe (z. B. in «heute» oder «Bräute»). Im Gegensatz zum Deutschen sind im Spanischen allerdings meist beide Laute zu hören. Sie gehen lediglich ineinander über.

Bei vielen Diphthongen wird der zweite Vokal betont (so genannter «steigender Diphthong»):

*p**ue**blo*

↑

Bei anderen Diphthongen wird der erste Vokal betont («fallender Diphthong»):

***Eu**ropa, **au**tobús*

↑ ↑

Man hört also (beispielsweise in der ersten Silbe von «Europa») nicht einen einzigen Laut, sondern sowohl das *e* als auch das *u*, und zwar unmittelbar nacheinander.

2.3. Die übrigen Buchstaben

D Das *d* klingt oft weicher als im Deutschen, etwa wie ein weiches englisches *th* (z.B. in «father»). Dies ist besonders dann der Fall, wenn es zwischen zwei Vokalen steht. Am Wortende ist das *d* oft fast bzw. ganz unhörbar.

*uste**d**, Ma**d**ri**d***

E Das e wird «offen» (wie in «Fest», «Rest» oder «bestens») gesprochen, oft auch «geschlossen» (wie in «Eduard»), aber nie als kurzes ö wie in «ich möchte».

O Auch das *o* kann «offen» (wie in «oft») oder «geschlossen» (wie in «Ohr») gesprochen werden.

geschlossen: **o**asis, **o**liva

offen: *españ**o**l, **o**bligaci**ó**n, **o**bsesi**ó**n, **o**cupaci**ó**n*

S Das *s* wird meist wie ein scharfes *s* gespochen, wobei es regionale Unterschiede gibt.

***S**evilla*

Vor einigen Konsonanten kann es sich auch stimmhaft, wie ein «weiches s», anhören. *e**s**pecial*

W Das *w* kommt (ebenso wie das *k*) nur in Fremdwörtern vor.

***w**his**k**y*

X Das *x* klingt zwischen zwei Vokalen wie gs oder ks.

*e**x**amen*

Y Ein *y* klingt meistens wie *i*, manchmal auch wie ein weiches *j* – aber nie wie *ü*.

***y**ogur, **y**ugoslavo, **y**oga*

2.4. Die Betonung: drei wichtige Regeln.

Erstens: Bestimmt ist Ihnen der **Akzent** auf einigen unserer Beispielwörter aufgefallen (z.B. *crédito oder Jesús)*. Er dient hauptsächlich als Betonungshilfe. Das heißt für Sie: Egal wie das Wort aussieht, die Betonung liegt immer auf der Silbe mit dem Akzent!

*cr**é**dito, Jap**ó**n, j**ú**bilo, Jes**ú**s, obligaci**ó**n, obsesi**ó**n, ocupaci**ó**n, dif**í**cil, **á**rbol*

↑ ↑ ↑ ↑ ↑ ↑ ↑ ↑ ↑

Wenn Sie diese Regel beachten, sind Sie schon ein gutes Stück weiter auf dem Weg zu korrekt gesprochenem Spanisch.

Zweitens: Endet ein Wort auf **Vokal** oder ***n*** bzw. ***s***, dann liegt die Betonung auf der vorletzten Silbe.

*gar**a**je, gl**o**ria, Argent**i**na, guerr**i**lla, vis**i**ta, Val**e**ncia, señ**o**ra, señor**i**ta*

↑ ↑ ↑ ↑ ↑ ↑ ↑ ↑

Wir haben auch hier die betonten Silben mit einem Pfeil versehen. Das *-ia* am Ende einiger Wörter (*gloria, Valencia*) gilt übrigens als eine Silbe (es sei denn, auf dem *i* ist ein Akzent).

Drittens: Endet ein Wort auf einen **Konsonanten** (außer *n* oder *s* natürlich), dann wird die letzte Silbe betont.

*gener**a**l, Gibralt**a**r, Migu**e**l, horizont**a**l, varied**a**d, señ**o**r*

↑ ↑ ↑ ↑ ↑ ↑

2.5. Intonation und Satzmelodie: Sätze, die wie ein einziges Wort klingen.

Eine Besonderheit im Spanischen (wie auch in anderen romanischen Sprachen) ist Ihnen bestimmt schon aufgefallen: Wörter, die einen Sinnzusammenhang bilden (z.B.: «Wie geht es Ihnen?») werden zusammenhängend, wie ein einziges Wort ausgesprochen. Erst wenn ein gedanklicher Einschnitt kommt (oft als Komma oder Punkt gekennzeichnet), macht man eine Pause:

<u>¿Cómo está usted?</u>	<u>– Muy bien,</u>	<u>gracias</u>	<u>¿y usted?</u>
Wie geht es Ihnen?	– Sehr gut,	danke	und Ihnen?

Wir haben hier die beim Sprechen direkt aneinander gehängten Wörter mit einer durchgezogenen Linie unterstrichen. Erst wo die Linie endet, ist eine Pause möglich.

☞ **Also: Inhaltlich zusammenhängende Wörter wie ein einziges sprechen!**

Darüberhinaus ist das Satzende oder Ende einer zusammenhängenden Wortgruppe wichtig: Hier teilen Sie Ihrem Gesprächspartner durch den Tonfall mit
- ob es weitergehen soll oder Ihr Gedankengang beendet ist,
- oft auch, ob Sie eine Aussage machen oder eine Frage stellen wollen.

Wenn Sie die Stimme heben, signalisieren Sie damit: Es geht noch weiter, oder: Das war keine Aussage, sondern eine Frage. Wenn Sie die Stimme senken bedeutet das: Der Gedanke ist abgeschlossen, und es handelt sich um eine Aussage:

¿Madrid es la capital de España?
Eso es, Madrid es la capital de España.

Ist Madrid die Hauptstadt Spaniens?
So ist es, Madrid ist die Hauptstadt Spaniens.

Sie sehen, zweimal derselbe Satz, einmal als Frage (in der Schrift gekennzeichnet durch die Fragezeichen, in der Aussprache durch das Heben der Stimme am Schluss), dann als dazugehörige Antwort: In der Schrift steht diesmal ein schlichter Punkt, beim Sprechen wird die Stimme gesenkt, als Information, dass: a) der Gedanke beendet ist und das ganze b) eine Aussage war.

Hinter dem *Eso es* wird die Stimme dagegen nicht gesenkt, weil noch der restliche Antwortsatz (*Madrid es la capital de España*) folgt.

■ SLE 3: 1. Der bestimmte Artikel und die Mehrzahlform der Substantive 2. Verneinung mit *no*

1. Der bestimmte Artikel

1.1. Die Singularformen: *el* und *la*

Artikel (Geschlechtswörter) gibt es natürlich auch im Spanischen:

¿Dónde está ***el*** *piso? – Está en* ***la*** *plaza de España.*

Wo ist (= befindet sich) **die** Wohnung? – Sie liegt an **der** Plaza de España.

Natürlich stimmt das Wortgeschlecht oft nicht mit dem Deutschen überein: «Die Wohnung» ist im Spanischen maskulin *(el piso)*, der Platz *(la plaza)* dagegen weiblich. Andere Wörter wie die beiden Folgenden haben – natürlich – dasselbe Geschlecht:

el *señor* — **der** Herr	***la*** *señora* — **die** Dame/Frau

Damit kennen Sie auch schon die beiden bestimmten Artikel für den Singular: ***el*** für männliche Substantive, ***la*** für die (meisten) weiblichen Substantive. Ein **Neutrum** («das») kommt nur in bestimmten Fällen vor.

Wenn wir normalerweise mit der männlichen Form anfangen, ist das übrigens kein Ausdruck eines typisch romanischen *Machismo*. Es hängt damit zusammen, dass im Spanischen (und in anderen romanischen Sprachen) die weibliche Form oft von der männlichen hergeleitet wird. Ein typisches Beispiel sind die Begriffe für «Herr» und «Dame»: *el señor* und *la señor**a***. Am Beginn unserer Erklärung steht logischerweise immer die Basisform – und das ist eben normalerweise die maskuline!

1.2. Die Pluralformen: *los* und *las* Die Mehrzahlform der Substantive: *-s* oder *-es*

Die Pluralformen des **bestimmten Artikels** lauten ***los*** (maskulin) und ***las*** (feminin):

los *señores* — **die** Herren	***las*** *señoras* — **die** Damen

Auch im Plural müssen Sie also zwischen männlich und weiblich unterscheiden (was wir im Deutschen nicht tun). Als Pluralzeichen wird an Wörter, die auf einen Vokal enden, meistens ein *-s* gehängt:

la señora	⇨	*las señora**s***

An Wörter, die auf einen **Konsonanten** enden, hängt man im Plural (wiederum meistens) ein ***-es***:

el señor	⇨	*los señor**es***

Es gibt allerdings ein paar Ausnahmen, auf die wir bei Gelegenheit zurückkommen.

1.3. Der Artikel *el* trifft auf die Präpositionen *de* und *a*: ergibt *del* und *al.*

Wenn der **Artikel** *el* auf die **Präposition** *de* oder *a* trifft, verschmelzen beide zu dem Wörtchen ***del*** (für *de* und *el*) beziehungsweise ***al*** (für *a* und *el*):

Es la casa ***del*** *señor Hernández.* — Es ist das Haus des Herrn Hernández.

Voy[1] ***al*** *centro de la ciudad.* — Ich gehe/fahre ins Stadtzentrum.

Bei allen anderen Formen des bestimmten Artikels ändert sich nichts, es heißt also *de la, a la, de los/las, a los/las.*

Auf ein paar weitere, weniger häufige Besonderheiten des bestimmten Artikels gehen wir am Ende dieser SLE ein.

2. Die Verneinung: vor dem Verb steht ein *no*.

Während einer Unterhaltung hieß es vielleicht:

¿Eres tú Kristina? – No, yo ***no*** *soy Kristina. Me llamo Pilar.*
Bist du Kristina? – Nein, ich bin **nicht** Kristina. Ich heiße Pilar.

Die Verneinung funktioniert im Spanischen also etwas anders als im Deutschen: Hier wird ein *no* vor das **Verb** des Satzes gesetzt (und hinter das **Subjekt**, falls vorhanden), während das deutsche «nicht» hinter dem Verb steht.

Oft hat dieses *no* auch die Bedeutung «kein/e»:

No *tengo dinero.* — Ich habe **kein** Geld.

Auch hier ist die Satzstellung anders als im Deutschen: Der Verneinung steht nicht hinter, sondern vor dem Verb.

☝ Wenn Sie's noch genauer wissen wollen ...

- **Mehr zum Gebrauch des bestimmten Artikels: Anredeformen und Allgemeinaussagen**

Anders als im Deutschen steht der **bestimmte Artikel** auch, wenn ich über «Herrn López», «Frau González» oder «Dr. García» rede:

La *señora González estudia alemán.* — Frau González studiert / lernt deutsch.

Habla con ***el*** *doctor García.* — Sie spricht mit Dr. García.

---

1 Zu den Formen von *ir* («gehen», «fahren») etc. s. Zusatz SLE Verben.

Spreche ich die betreffende Person hingegen direkt an, steht – wie im Deutschen – kein Artikel:

Buenas tardes, señora González. — (etwa:) Guten Tag, Frau González.

Bei bestimmten Allgemeinaussagen steht ebenfalls ein bestimmter Artikel, der im Deutschen nicht vorkommt:

¿Te gusta ***el*** *vino tinto?* — Magst du (grundsätzlich) Rotwein?

Wenn die Gesamtheit einer Gattung oder eines Stoffs gemeint ist, sollte der bestimmte Artikel nicht fehlen.

◆ Maskuliner Artikel vor femininen Substantiven: vor betontem *a oder ha*

Eine kleine Tücke stellen weibliche Substantive dar, wenn sie mit *a-* oder *ha-* beginnen und dieser Laut betont ist. Dann steht im Singular nämlich der maskuline (bestimmte oder unbestimmte) Artikel. Obwohl das Substantiv *agua* weiblich ist, heißt es also:

El *agua es muy buena.* — Das Wasser ist sehr gut.

Denn die Betonung liegt auf der vorletzten, das heißt hier auf der ersten Silbe, mithin auf dem ersten *a*. So könnte auch von ***un*** *ama de casa* die Rede sein, obwohl Hausfrauen von Natur aus weiblich sind (zum unbest. Artikel s. SLE 6.2.). Im Plural stehen dagegen die «richtigen» Artikel: *las amas de casa*.

Diese Regel gilt nicht, wenn die Betonung «weiter hinten», also nicht auf der ersten Silbe liegt:

Kristina es ***la*** *amiga de Pilar.* — Kristina ist die Freundin von Pilar.

Auch bei *amiga* liegt die Betonung auf der vorletzten Silbe. Da das Wort aber drei Silben hat, ist der betonte Laut das *i*. Folglich stehen die Artikel *la* beziehungsweise (wenn es ein unbestimmter Artikel sein soll) una: *la amiga* beziehungsweise *una amiga*.

◆ Das Neutrum des bestimmten Artikels: nicht für Substantive

Das Spanische kommt normalerweise mit zwei Wortgeschlechtern aus, eben maskulin und feminin. Es gibt allerdings auch ein Neutrum – das jedoch eine Sonderfunktion hat.

So kann es vorkommen, dass Sie neben *el* und *la* auf den bestimmten Artikel *lo* stoßen – wenn jemand etwa «das Gute (im Menschen)» lobt:

lo *bueno* — **das** Gute

Der neutrale Artikel ***lo*** bezieht sich nicht auf Substantive (da gibt es nur männliche und weibliche), wohl aber auf **substantivierte Adjektive** (wie in unserem Beispiel), **Partizi-**

pien («das Gelesene»), **Possessivformen** («das Meinige») oder auch **Ordnungszahlen** («das Erste [was zu tun wäre]») – immer vorausgesetzt, dass die betreffenden Elemente substantiviert sind. Das Wort *lo* taucht außerdem in bestimmten Satzkonstruktionen auf.

Völlig ignorieren können Sie das spanische Neutrum also nicht.

Übungen

1. Setzen Sie bitte die folgenden Substantive in den Plural:

1) *la ciudad* [Stadt]

____

2) *el chileno* [Chilene]

____

3) *el libro* [Buch]

____

4) *la mesa* [Tisch]

____

5) *el dolor* [Schmerz]

____

2. Geben Sie bitte eine verneinende Antwort.

1) *¿Hamburgo es la capital de España?*

____

2) *¿Es Julio de Salamanca?*

____

3) *¿Está en Madrid?*

____

4) *¿Carmen es francesa?*

____

5) *¿Es de París?*

____

■ SLE 4 1. Das Verb *ser* / Personalpronomen als Subjekt 2. *Ser* und *estar* (Grundlagen) 3. Mehr über das Verb *llamarse*

1. Das Verb *ser:* sprachlicher Einzelgänger

Während einer *Fiesta* entwickelt sich folgendes Gespräch:

*¿**Eres** tú Kristina? – Sí, yo **soy** Kristina.*
Bist du Kristina? – Ja, ich **bin** Kristina.

*Y vosotros ¿**sois** también alemanes? – No, **somos** españoles.*
Und ihr, seid ihr auch Deutsche? – Nein, wir sind Spanier.

Das Verb *ser* ist – wie in allen vergleichbaren Sprachen – unregelmäßig, das heißt, es gibt kein weiteres, das dieselben Formen hat. Hier eine Übersicht über das **Präsens** (Gegenwartsform) von *ser*:

	Pronomen	***ser***
Singular		
1. Person (ich)	*(yo)*	***soy***
2. Person (du)	*(tú)*	***eres***
3. Person ♂ (er) 3. Person ♀ (sie)	*(él)* *(ella)*	***es***
Plural		
1. Person ♂♂ (wir) 1. Person ♀♀	*(nosotros)* *(nosotras)*	***somos***
2. Person ♂♂ (ihr) 2. Person ♀♀	*(vosotros)* *(vosotras)*	***sois***
3. Person ♂♂ (sie) 3. Person ♀♀	*(ellos)* *(ellas)*	***son***

Dass es für «sein» noch ein zweites Verb, nämlich *estar,* gibt, wissen Sie. Wir kommen gleich darauf zurück.

Vor dem Verb stehen die dazugehörigen **Personalpronomen** oder persönlichen Fürwörter («ich bin», «du bist» etc.). Wir haben sie eingeklammert, weil sie sehr oft nicht gesetzt werden (vgl. SLE 1.1.): Personalpronomen als Subjekt stehen bekanntlich nur, wenn das Subjekt – wie in unserem ersten Beispiel – betont werden soll: «Bist **du** Kristina?»

Dass es in der 3. Person Singular (Einzahl) zwei Formen, eine männliche und eine weibliche, gibt (*él* bzw. *ella*), wird Sie kaum verwundert haben, auch im Deutschen sagen wir ja «er» bzw. «sie» (allerdings auch «es», das es im Spanischen nicht gibt).

Etwas verblüffend ist jedoch, dass für alle drei Pluralpersonen («wir», «ihr», «sie») ebenfalls männliche und weibliche Formen existieren. Zwei Frauen könnten etwa sagen:

*Nosotr**as** somos Carmen y María.* — **Wir** sind Carmen und Maria.

Dasselbe gilt für die 2. und 3. Person (*vosotros/vosotra*s bzw. *ellos* und *ellas).*

Bei rein männlichen und gemischten Gruppen stehen immer die maskulinen Formen, also *nosotros, vosotros* und *ellos.*

Die Pronomen für die dritten Personen (*él, ella, ellos, ellas*) können sich – wie im Deutschen – auf Personen und Sachen beziehen.

◆ Die Höflichkeitsformen: *usted* und *ustedes*

Dem deutschen «Sie» entsprechen die dritte Person Singular oder Plural, oft unter Zusatz der entsprechenden Personalpronomen *usted* (Einzahl) und *ustedes* (Mehrzahl):

*¿Quién **es usted**?* — Wer **sind Sie**? (= Wie heißen Sie?)

Hier wird eine gesiezte Person angesprochen, denn es steht die dritte Person Singular.

Die Frage

*¿Quiénes **son ustedes**?* — Wer **sind Sie**? (= Wie heißen Sie?)

richtet sich an mehrere gesiezte Personen, denn es steht die dritte Person Plural.

Usted wird ***Vd***. oder ***Ud***., *ustedes Vds*. bzw. *Uds*. abgekürzt. Die Abkürzungen *Vd*. und *Vds*. erinnern an die glorreichen Zeiten säbelrasselnder Kavaliere, denn *usted* ist eine Zusammenziehung aus *vuestra merced* (= Euer Gnaden), daher das etwas merkwürdige *Vd*.

Zum Gebrauch des «Du» bzw. «Sie» sind allerdings noch einige Bemerkungen fällig: Im heutigen Spanien ist das Du sehr viel verbreiteter als das Sie. Vor allem jüngere Leute neigen eher zum Duzen. Wenn Sie also jemand, den Sie nicht kennen, schlankwegs mit *tú* anredet, ist das wahrscheinlich keineswegs plump vertraulich oder gar beleidigend gemeint, *tú* = «du», *usted/es* = «Sie» ist eine Gleichung, die im alltäglichen Sprachgebrauch nicht unbedingt aufgeht. In Südamerika ist der Gebrauch übrigens wieder anders, denn hier wird *ustedes* statt *vosotros* (*vosotras*) verwendet.

2. Das Verb *estar:* «sich befinden», «sich fühlen», oft auch «sein»

2.1. Die Formen von *estar*: weniger unregelmäßig als *ser*

Das Verb *estar* ist ebenfalls unregelmäßig. Hier seine Formen (und zur Erinnerung noch einmal die von *ser*):

Infinitiv	***ser***	***estar***
Singular		
(yo)	*soy*	*est**oy***
(tú)	*eres*	*est**ás***
(él/ella/Vd.)	*es*	*est**á***
Plural		
(nosotros/nosotras)	*somos*	*est**amos***
(vosotros/vosotras)	*sois*	*est**áis***
(ellos/ellas/Vds.)	*son*	*est**án***

So ganz fürchterlich unregelmäßig ist *estar* nicht einmal: Am meisten fällt die Ichform auf (die dafür aber an die von *ser* erinnert), bei den anderen liegt die Unregelmäßigkeit hauptsächlich in der Betonung (auf der letzten Silbe). Die 1. und 2. Pluralform ist sogar regelmäßig.

Kommt man vom Deutschen her, so sind *ser* und *estar* auf den ersten Blick verwirrend, denn beide können bekanntlich «sein» bedeuten. Wann muss ich also welches gebrauchen? Hier ein paar Faustregeln:

2.2. Gebrauch von *estar*:

*Madrid **está** en España.* — Madrid liegt /befindet sich in Spanien.

*Mis amigos **están** en Alemania.*
Meine Freunde sind/befinden sich (derzeit) in Deutschland.

*La cerveza **está** fría.* — Das Bier ist (momentan) kalt.
*La tienda **está** abierta.* — Das Geschäft ist geöffnet.

*¿Cómo **está** usted? – **Estoy** muy bien, gracias.*
Wie geht es Ihnen? – Mir geht es sehr gut, danke.

◆ ***Estar* bei Ortsangaben**

Mit *estar* werden Ortsangaben gemacht: Wenn etwas irgendwo steht, liegt, sich befindet, steht in der Regel *estar*. Das gilt auch und besonders für geographische Angaben:

Madrid ***está*** *en España.* — Madrid liegt/befindet sich in Spanien.

Mis amigos ***están*** *en Alemania.*
Meine Freunde sind/befinden sich (derzeit) in Deutschland.

El mercado ***está*** *en el centro de la ciudad.*
Der Markt liegt/befindet sich im Stadtzentrum.

Deswegen hat *estar*, wenn es ohne Ortsangabe steht, die Bedeutung «da sein» (im Sinne von «anwesend sein»):

*¿**Está** Kristina? – No **está**. **Está** en la universidad.*
Ist Kristina **da**? – Nein, sie **ist** nicht **da**. Sie ist in der Uni.

- ***Estar* bei Zuständen: vorübergehend oder Ergebnis eines vorherigen Geschehens**

Darüber hinaus drückt *estar* Zustände aus, die entweder als vorübergehend gelten oder Ergebnis eines vorherigen Geschehens oder einer vorherigen Handlung sind:

La cerveza ***está*** *fría.* — Das Bier ist kalt.
La tienda ***está*** *abierta.* — Das Geschäft ist geöffnet.

Die Temperatur des Bieres ist momentan niedrig, kann sich aber schnell ändern, wenn ich mein Glas in die beliebte spanische Sonne stelle. Und das Geschäft ist geöffnet, weil der Besitzer vorher die Tür aufgeschlossen hat – sein Öffnen der Ladentür ist das vorherige Geschehen, auf das sich hier das Adjektiv *abierta* bezieht. In beiden Fällen muß also *estar* stehen. Dasselbe gilt für die folgenden Beispiele:

El río ***está*** *sucio.* — Der Fluss ist schmutzig.
El profesor ***está*** *simpático hoy.* — Der Lehrer ist heute nett.

Der Fluss ist schmutzig, weil seine Anwohner alle möglichen Abfallstoffe eingeleitet haben, und der Lehrer hat heute seinen guten Tag (auch wenn er sonst ein wahres Ekel ist).

- ***Estar* bei Gemüts- und Gesundheitszuständen**

Dementsprechend stehen auch Aussagen über Gemütszustände oder zur Gesundheit in der Regel mit *estar*:

*¿**Estás** contenta, Kristina? – Sí, **estoy** muy contenta.*
Bist du zufrieden, Kristina? – Ja, ich bin sehr zufrieden.

*Y tu hermano, ¿cómo **está**? – **Está** enfermo.*
Und dein Bruder, wie geht es ihm? – Er ist krank.

Zufriedenheit ist zweifellos ein Gemütszustand, der sich schnell ändern kann. Dasselbe gilt für die Gesundheit. Deswegen stehen auch Aussagen über das werte Befinden mit *estar*.

Mit dazu gehört die Höflichkeitsfloskel «Wie geht's?» – denn auch mit ihr erkundigen Sie sich nach dem Befinden Ihres Gegenübers:

*¿Cómo **está** Vd? – **Estoy** muy bien, gracias.*
Wie geht es Ihnen? – Danke, mir geht es sehr gut.

2.3. Gebrauch von *ser*

◆ *Ser* bei Definitionen und charakteristischen Eigenschaften

*¿Quién **es** usted? – **Soy** Ramón Núñez.*
Wer sind Sie? – Ich bin Ramón Núñez.

***Soy** español. **Soy** empleado.*
Ich bin Spanier. Ich bin Angestellter.

Mit *ser* werden Personen oder Sachen identifiziert, definiert oder beschrieben: Der Gefragte im ersten Beispiel ist (und bleibt) *Ramón Núñez*. Aus diesem Grunde werden auch Berufs[1]- und Nationalitätsangaben mit *ser* gemacht: Sie charakterisieren die betreffende Person.

◆ *Ser* bei Besitz- und Herkunftsangaben

Mit in diesen Zusammenhang gehören auch Besitz- oder Herkunftsangaben:

*Kristina **es** de Alemania.* — Kristina kommt aus Deutschland.
*El libro **es** de Kristina.* — Das Buch gehört Kristina.

Denn auch Herkunft oder Besitzzugehörigkeit charakterisieren die Person oder den Gegenstand, um den es geht.

◆ *Ser* bei charakteristischen und unwandelbaren Eigenschaften.

Mit *ser* gibt man außerdem Eigenschaften an, die charakteristisch sind und als eher unwandelbar gelten:

*Kristina **es** muy simpática.* — Kristina ist sehr sympathisch.
***Es** un libro interesante.* — Es ist ein interessantes Buch.

Liebenswürdigkeit ist ganz offensichtlich ein Charakterzug der jungen Frau, und für das Buch im zweiten Beispiel ist charakteristisch, dass es spannend ist. Wäre es plötzlich langweilig, dann wäre es nicht mehr dasselbe Buch.

☝ Wenn Sie's noch genauer wissen wollen ...

---

1 Es sei denn, man will den vorübergehenden Zustand, den «Jobcharakter», einer Tätigkeit betonen. Dann kann *estar de* stehen: *Soy estudiante,* pero ***estoy de*** *taxista en las vacaciones.* Hier «jobbt» der Student in den Ferien als Taxifahrer.

Mehr über *ser* und *estar*

◆ ***Ser* für «stattfinden»**

Wenn «sich befinden» im Sinne von «stattfinden» gemeint ist, setzen die Spanier *ser:*

¿Dónde ***es*** *la conferencia? –* ***Es*** *en el Aula Magna.*

Wo ist die Tagung? – Sie ist/findet im Audimax statt.

◆ ***Ser* oder *estar*: Bedeutungsänderungen**

Spätestens seit dem Beispiel mit der immer netten Kristina und dem nur momentan freundlichen *profesor* (aus Teil 2.2. dieser SLE) ist Ihnen aufgefallen, dass manche Adjektive mit *ser* oder *estar* stehen können – und dass sich dann der Sinn des Satzes entsprechend ändert. Diese Bedeutungsänderungen können noch krasser sein:

*¿****Estás lista****, Kristina? – Sí,* ***estoy lista.***

Bist du **fertig**, Kristina? – Ja, ich bin **fertig**. (Wir können gehen.)

Juan ***es*** *muy* ***listo****.* — Juan ist sehr **schlau**.

Hier ist der Bedeutungsunterschied extrem: Das Adjektiv *listo* (seine weibliche Form lautet *lista*) bedeutet im Zusammenhang mit *estar* «fertig sein». Logischerweise steht *estar*, denn dieses Bereitsein geht auf ein vorheriges Handeln (Waschen, Anziehen etc.) zurück und ist natürlich vorübergehend. Zusammen mit *ser* bedeutet *listo/a* hingegen «schlau». Auch dieses *ser* ist logisch erklärbar, denn Schläue ist eine charakteristische, unwandelbare menschliche Eigenschaft.

Eine ganze Reihe spanischer Adjektive funktionieren nach diesem Schema. Sie lernen sie am besten zusammen mit dem jeweiligen Verb, also beispielsweise *ser listo/a* «schlau sein», *estar listo/a* «fertig sein».

3. Mehr über das Verb *llamarse*

Das Verb *llamarse* ist bekanntlich (vgl. SLE 1.4.) reflexiv und bedeutet eigentlich «sich rufen»,«sich nennen». Dementsprechend führt es immer ein **Reflexivpronomen** mit sich, für die Ichform *me*: *me llamo*. Im Infinitiv wird dieses Pronomen angehängt: *llamarse*.

Das Reflexivpronomen wechselt je nach Person:

¿Cómo ***te*** *llamas? –* ***Me*** *llamo Kristina.*

Wie heißt du? – Ich heiße Kristina.

¿Cómo ***se*** *llama Vd.? –* ***Me*** *llamo Juan Martínez.*

Wie heißen Sie? – Ich heiße Juan Martínez.

¿Y ellos? – Ellos ***se*** *llam****an*** *Fernando y José.*

Und die (eigentlich: sie)? – Sie heißen Fernando und José.

Abgesehen von den zusätzlichen Reflexivpronomen hat dieses Verb – da es ja im Infinitiv auch auf *-ar* endet – dieselben Endungen wie *trabajar, estudiar* oder *viajar*: (yo) *me llamo, (tú) te llamas, (él, ella) se llama, (ellos/ellas) se llaman* (vgl. SLE 5.1.).

In verneinten Sätzen steht zwischen *no* und dem Verb noch das Reflexivpronomen:

Me *llamo Antonio.* ⇨ *No* ***me*** *llamo Antonio.*

Auch auf diesen Punkt kommen wir gelegentlich zurück (SLE 23).

Übung

A. Ergänzen Sie bitte die jeweilige Form von *ser* oder *estar.*

1. *¿ __es__ usted Isabel Belmonte?*
   —No, no __soy__ Isabel Belmonte.
2. *Y tú, ¿ __eres__ tú Juan?*
   —__Soy__ Juan.
3. *¿ __Son__ Manolo y José? [ellos]*
   —No, no __son__ Manolo y José.
4. *¿ __Sois__ Isabel y Carmen?*
   —No, nosotras no __somos__ Isabel y Carmen.
5. *¿ __Eres__ tú María?*
   —No, no __soy__ María.
6. *¿Cómo __está__ usted?*
   —Gracias, __estoy__ muy bien.
7. *¿Cómo __estáis__? [vosotros]*
   —__Estamos__ muy bien.
8. *¿El bar __está__ abierto?*
   —No, no __está__ abierto.
9. *¿Dónde* [wo] *__están__ María e Isabel?*
   —__Están__ en Salamanca.
10. *¿Salamanca __es__ una ciudad grande* [groß]*?*
    —Eso es, Salamanca __es__ una ciudad grande.
11. *¿__Está__ Manolo?*
    —No, no __está__. __Está__ enfermo [krank].
12. *El libro __es__ muy aburrido* [langweilig].
13. *Carlos e Isabel __están__ en México. México __es__ una ciudad interesante.*
14. *Manolo __es__ un chico muy simpático. __Es__ mecánico.*

Kleiner Junge

■ SLE 5: 1. Regelmäßige Verben auf *-ar*
2. *Hay* und *estar*

1. Regelmäßige Verben auf *-ar:* wiederverwertbare Endungen

Während *ser* und *estar* unregelmäßig sind, also als eine Art «Sonderspezies» behandelt werden müssen (vgl. SLE 1.2.), sind die meisten Verben mit der Infinitivendung *-ar* regelmäßig. Andere Verben auf *-ar* können Sie also – im Prinzip – nach demselben Schema bilden. Sehen wir uns als Beispiel einmal die Präsensformen von *traba*j***ar*** («arbeiten») und *estudi**ar*** («studieren») an:

Infinitiv/Grundform	*trabaj**ar***	*estudi**ar***
(yo)	*trabaj**o***	*estudi**o***
(tú)	*trabaj**as***	*estudi**as***
(él/ella/Vd.)	*trabaj**a***	*estudi**a***
(nosotros/nosotras)	*trabaj**amos***	*estudi**amos***
(vosotros/vosotras)	*trabaj**áis***	*estudi**áis***
(ello/ellas/Vds.)	*trabaj**an***	*estudi**an***

Wie die meisten – jedenfalls alle regelmäßigen – Verben bestehen auch diese beiden aus zwei Teilen: dem **Verbstamm** (*trabaj-*) und der **Endung** (*-ar*).

Der Verbstamm ist gewissermaßen der Bedeutungsträger. Er zeigt den Sinn des Verbs an (hier: arbeiten). Die Endung enthält Informationen über die Person, aber auch über die benutzte Zeit (zum Beispiel, ob eine Gegenwart, Vergangenheit oder Zukunft ausgedrückt wird) und manches andere mehr. Höre oder lese ich also die Form *trabajas,* dann weiß ich, dass es sich um die 2. Person Singular («du») des Verbs *trabajar* handelt, das hier in der Gegenwart benutzt wird. Die deutsche Bedeutung lautet also «du arbeitest». An der Infinitivendung *-ar* kann ich beim Lernen erkennen, zu welcher Gruppe das Verb gehört.

Stoße ich auf ein weiteres Verb mit der Endung *-ar*, dann weiß ich, dass ich an diesen neuen Stamm die bekannten Endungen hängen kann. So heißen die Präsensformen von *viaj**ar*** (reisen) natürlich: *viaj**o**, viaj**as**, viaj**a**, viaj**amos**, viaj**áis**, viaj**an***. Nur wenn das Verb irgendeine (meist kleinere) Unregelmäßigkeit aufweist, muss ich mir diese zusätzlich einprägen. Dazu bei Gelegenheit mehr.

2. Gebrauch von *hay* und *estar*

Wenn die Rede davon ist, wo sich etwas befindet, steht natürlich normalerweise *estar*:

La farmacia ***está*** *en la calle de la Cruz.*
Die Apotheke ist / befindet sich in der calle de la Cruz.

Anders sieht die Sache aus, wenn sich jemand erkundigt, ob überhaupt eine Apotheke vorhanden ist:

*¿**Hay** una farmacia por aquí?* — Gibt es hier (irgendwo) eine Apotheke?
(auch:) Ist hier (irgendwo) eine Apotheke?

Für «es gibt», «es ist da/vorhanden» steht *hay*, eine «Sonderform» von *haber*. Sie ist unveränderlich – und taucht außerdem in Sätzen wie diesem auf:

En la calle de la Cruz hay *una farmacia.*
In der calle de la Cruz gibt es/ist eine Apotheke.

Wenn der Satz mit einer **Ortsangabe** beginnt, in deutschen Grammatiken oft etwas umständlich als «Umstandsbestimmung des Ortes» bezeichnet (der Autor denkt an menschlichen Nachwuchs) und vornehmer halblateinisch als «adverbiale Bestimmung des Ortes» – wenn dies also der Fall ist, steht ebenfalls *hay*. Hier alle drei Satzmuster noch einmal in einer Übersicht:

El banco ***está*** *en la calle de la Constitución.*
Die Bank liegt / befindet sich / ist in der calle de la Constitución.

*¿**Hay** un banco en la calle de la Constitución?*
– Eso es, ***en la calle de la Constitución hay*** *un banco.*
Gibt es in der calle de la Constitución eine Bank?
– Stimmt, in der calle de la Constitución gibt es eine Bank.

Der obere Beispielsatz beginnt «ganz normal» mit *el banco* als Subjekt – folglich steht für «ist», «liegt», «befindet sich» etc. *está*. Die nachfolgende Frage zielt darauf hin, ob überhaupt eine Bank vorhanden ist – und beginnt logischerweise mit *hay*. Der Antwortsatz beginnt mit einer Ortsangabe (*en la calle de la Constitución*), folglich steht erneut *hay*.

Übungen

A. Ergänzen Sie bitte die Verb-Endung oder das Verb.

1. *¿En qué trab___ el señor Bella? —___ veterinario.*
2. *John y Mike traba___ en Londres, Pedro traba___ en México. Y tú, ¿dónde trab___? —Trab___ en Dortmund. — Y vosotros, ¿dónde trab_____? —Trab_______ en Sevilla.*
3. *¿No trab___ usted hoy? —No, estoy de vacaciones* [in Ferien sein].
4. *¿Qué lenguas _________ usted? —___________ inglés y español. —¿Y tú? —_________ francés y español.*
5. *Kristina _________ en la universidad de Santiago. Isabel y Carlos _________ en Salamanca. Y vosotros, ¿dónde _________? —_________ en Alemania.*

B. *Hay* oder *estar*?

El mercado [Marktplatz] *_________ en el centro de la ciudad. ¿_____ también una catedral? —No, no _____ una catedral. —Solamente_____* [nur] *una iglesia* [Kirche].

■ SLE 6: 1. Fragesätze und Fragewörter
2. Der unbestimmte Artikel

1. Fragesätze und Fragewörter

Was Sie (bestimmt) schon kennen: Entscheidungs- und Ergänzungsfragen

Sämtliche Fragen, die man in seinem Leben so stellt, lassen sich auf zwei Grundformen zurückführen:

Juan fragt Kristina: «Gehst du morgen mit mir aus?»

Juan fragt Kristina: «**Wann** gehst du morgen mit mir aus?»

Version Nr. 1 enthält kein **Fragewort**, und Kristinas Antwort kann sinnvollerweise nur «ja» oder «nein» lauten (es sei denn, sie verweigert die Auskunft: «Weiß ich noch nicht!» oder Ähnliches. Aber das ist bei jeder Frage möglich). Da man sich im Grunde nur zwischen «ja» oder «nein» entscheiden kann, nennen wir diese Art von Frage **«Entscheidungsfrage»**.

Der zweite Typ baut gewissermaßen auf einem Fragewort auf: Das «wann» am Anfang signalisiert, dass es der fragenden Person um eine Zeitangabe geht. Die Antwort erfolgt logischerweise in Form einer weitergehenden Information (zum Beispiel: «morgen Abend um acht»), «ja» und «nein» sind dafür ausgeschlossen. Da der Fragesatz um eine weitere Information ergänzt wird, nennen wir diesen Typ **«Ergänzungsfrage»**.

1.1. Satzstellung im Fragesatz: wie im Deutschen

Genau wie im Deutschen werden in den meisten spanischen Fragen **Subjekt** und **Prädikat** vertauscht – das Prädikat steht also vor dem Subjekt:

*¿ **Vive Juan** en Santiago de Compostela?*
Lebt Juan in Santiago de Compostela?

*– Eso es, **Juan vive** en Santiago de Compostela.*
– Stimmt, **Juan lebt** in Santiago de Compostela.

*¿Donde **vive Juan**?* — Wo **lebt Juan**?

*– **Juan vive** en Santiago de Compostela.*
– **Juan lebt** in Santiago de Compostela.

Bei den Entscheidungsfragen gibt es aber noch eine andere Möglichkeit: die **Tonfrage** (vgl. SLE 2.2.5.). Dabei wird ein ganz normaler Aussagesatz als Frage gesprochen (indem ich die Stimme am Satzende hebe) oder geschrieben (indem ich Fragezeichen setze):

*¿**Juan vive** en Santiago de Compostela?*
Lebt Juan in Santiago de Compostela?
*– Eso es, **Juan vive** en Santiago de Compostela.*
– Stimmt, Juan lebt in Santiago de Compostela.

Da es sich bei der Tonfrage um einen zur Frage umfunktionierten Aussagesatz handelt, entspricht auch ihre Satzstellung der eines Aussagesatzes.

1.2. Die wichtigsten Fragewörter: von *¿cuándo?* bis *¿qué?*

Hier eine Übersicht über die wichtigsten Fragewörter in alphabetischer Reihenfolge:

¿cuándo?	*¿Cuándo llega el tren?*	**Wann** kommt der Zug an?
¿cómo?	*¿Cómo te llamas?*	**Wie** heißt du?
¿dónde?	*¿Dónde vives?*	**Wo** lebst/wohnst du?
¿adónde?	*¿Adónde vas?*	**Wohin** gehst du?
¿de dónde?	*¿De dónde eres?*	**Woher** stammst du?
¿qué?	*¿Qué haces*[1]*?*	**Was** tust du?
¿para qué?	*¿Para qué sirve*[2] *este*[3] *objeto?*	**Wozu** dient dieser Gegenstand? (= Wofür braucht man ihn?)
¿por qué?	*¿Por qué no trabajas?*	**Warum** arbeitest du nicht?

Fragewörter tragen übrigens immer einen Akzent, auch wenn er für die Betonung nicht von Belang ist. Man unterscheidet sie so von anderen Wortarten.

Einige Fragewörter sind veränderlich, müssen also **angeglichen** werden (vgl. SLE 1. 5.):

¿cuál? ¿cuáles?	*¿Cuál**es** **son** tus libro**s**?*	**Welche** sind deine Bücher?
¿cuántos?¿cuántas? ¿cuánto?¿cuánta?	*¿Cuánt**os** libr**os** tienes?*	**Wie viele** Bücher hast du?
¿quién?¿quiénes?	*¿Quién**es** visit**an** el castillo?*	**Wer** besichtigt die Burg?

Die Fragewörter *¿cuál?* und *¿quién?* haben einen **Singular** und einen **Plural:** *¿cuáles?* und *¿quiénes?* Wenn sie sich auf eine Mehrzahl beziehen, muss also die Pluralform stehen. Das ist zum Beispiel der Fall, wenn sich die Frage «wer?» (wie in unserem Beispiel) an mehrere Personen richtet.

1 Zu den Formen von *hacer* siehe Zusatz-SLE «Verben».
2 Zu den Formen von *servir* siehe Zusatz-SLE «Verben».
3 Zu den Demonstrativbegleitern siehe SLE 10.

Noch heikler ist das Fragewort *¿cuánto?*, denn es hat nicht nur Formen für Singular und Plural, sondern auch für maskulin und feminin, also insgesamt vier: *¿cuánto?, ¿cuánta?, ¿cuántos?, ¿cuántas?*

Die Fragewörter ¿qué? und ¿quién? können auch zusammen mit einer Präposition verwendet werden, wenn sie nach einem **Objekt** (vgl. SLE 11) fragen:

*¿**De qué** hablan Juan y Antonio? – Hablan **del trabajo**.*
Worüber (wörtlich: von was) sprechen Juan und Antonio? – Sie sprechen über die Arbeit.

*¿**A quién** buscas? – Busco **a Kristina.***
Wen suchst du? – Ich suche Kristina.

Darüber hinaus hat *¿qué?* noch eine andere Funktion: Zusammen mit einem Substantiv bedeutet es «welcher/welche/welches?» oder «was für ein/e?»:

*¿**Qué casa** busca Vd? – Busco la casa del señor Hernández.*
Welches Haus suchen Sie? – Ich suche das Haus von Herrn Hernández.

Anders als im Deutschen wird diesmal nicht angeglichen, denn *¿qué?* ist unveränderlich.

1.3. Fragewörter in Ausrufen

Manche Fragewörter werden auch in Ausrufen verwandt:

*¡**Qué casa** tan bonita!* — Was für ein hübsches Haus!
*¡**Cuánto** lo siento!* — (etwa:) Tut mir furchtbar Leid.

Wörtlich bedeutet der untere Satz: «Wie (sehr) ich es fühle!» (zu dem Pronomen *lo* siehe SLE 21). Ähnlich können *¿cómo?* und *¿quién?* gebraucht werden.

2. Der unbestimmte Artikel: es gibt auch einen Plural

2.1. Die Singularformen: *un, una*

Natürlich gibt es im Spanischen auch unbestimmte Artikel («ein», «eine»):

***un** señor* — **ein** Herr	***una** señora* — **eine** Dame/Frau

Wenn die männliche Form nicht zusammen mit einem Substantiv steht, heißt es statt *un* diesmal *uno*:

*¿Tienes[4] muchos amigos? – No, sólo tengo **uno**.*
Hast du viele Freunde? – Nein, ich habe nur **einen**.

Darüber hinaus entspricht *uno* oft dem unpersönlichen deutschen «man». Dieses «man» hat aber auch eine weibliche Form: *una.*

4 Zu den Formen von *tener*, «haben», siehe Zusatz-SLE «Verben.»

*En la sociedad actual, **uno/una** no tiene[5] tiempo para hacer todo.*
(Etwa:) In der heutigen Gesellschaft hat man überhaupt keine Zeit, alles zu erledigen.

Äußert sich eine Frau derart kulturpessimistisch, heißt es *una*, sonst *uno*.

2.2. Die Pluralformen: *unos* und *unas*

Etwas ungewöhnlich für uns Germanen ist, dass auch der unbestimmte Artikel – genau wie der bestimmte – einen Plural hat:

*Kristina habla con **unos** amigos y **unas amigas**.*
Kristina spricht mit **einigen** Freunden und **einigen** Freundinnen.

Dabei ändert sich allerdings – wie Sie sehen – die Bedeutung. Denn eigentlich ergibt sich die Mehrzahl des unbestimmten Artikels dadurch, dass kein Artikel mehr steht: «Ich habe einen Freund. Ich habe ...?» Eben! «Ich habe Freunde (in dieser Stadt).» Das ist im Spanischen im Prinzip nicht anders:

*Luis no tiene **amigos.*** — Luis hat keine Freunde.

Setze ich die Pluralformen des unbestimmten Artikels (maskulin *unos*, feminin *unas*) trotzdem, ist von «einigen Freunden» oder «einigen Problemen» die Rede:

*Antonio tiene **unos** problemas.* — Antonio hat **einige** Probleme.

*Pero tiene también **unos** amigos en esta cuidad.*
Er hat aber auch **einige** Freunde in dieser Stadt.

---

5 Zu den Formen von *tener*, «haben», siehe Zusatz-SLE «Verben».

Übungen

A. Ergänzen Sie bitte das passende Fragewort.

1. *¿ ____________ se habla el gallego?* [galicisch]
   —Se habla en el norte de España.
2. *¿ ____________ hablan el gallego?*
   Son los gallegos.
3. *¿ ____________ lengua se habla en Cataluña?*
   —Se habla el catalán.
4. *¿ ____________ habitantes viven en Madrid?*
   —En Madrid viven 4 millones de habitantes.
5. *¿ ____________ no está Kristina?*
   —Está en la universidad.
6. *¿ ____________ vas?*
   —Voy a la oficina [Büro].
7. *¿ ____________ es Kristina?*
   —Es de Alemania.
8. *¿ ____________ se llama usted?*
   —Me llamo Roberto Ramírez.
9. *¿ ____________ es la capital de Galicia?*
   —Es Santiago de Compostela.
10. *¿ ____________ necesitas* [brauchen] el coche [Auto]?
    —Para ir a la oficina.

B. Ergänzen Sie bitte den passenden Artikel.

1. *¿Tienes ____ coche? —Sí, tengo ________.*
2. *Barcelona está en ____ norte de España. Es ____ capital de Cataluña.*
3. *Pilar tiene ____ casa muy* [sehr] *bonita.*
4. *____ amigos ya* [schon] *están en ____ bar.*
5. *____ vasco es ____ lengua ____ País Vasco.*

■ SLE 7: Zahlen (Grundzahlen)

Schon in der allerersten SLE wurden einige Altersangaben gemacht:

*Tengo **veintidós** años. Tengo **veintiocho** años.*

Kristina und Ramón sagen hier, dass sie 22 bzw. 28 Jahre alt sind. Sie sehen es selbst: Ohne Zahlen geht in einer Sprache wenig. Grund genug, sich mit den spanischen Zahlen zu beschäftigen.

1. Die Zahlen von 0 bis 15: jedes Mal ein neues Zahlwort

Bei den Zahlen von 0 bis 15 gibt es wenig zu erklären: Jede hat ihr «eigenes» Zahlwort, das Sie ganz einfach lernen müssen:

0	***cero***
1	***uno (un, una)***
2	***dos***
3	***tres***
4	***cuatro***
5	***cinco***
6	***seis***
7	***siete***

8	***ocho***
9	***nueve***
10	***diez***
11	***once***
12	***doce***
13	***trece***
14	***catorce***
15	***quince***

Die Eins ist identisch mit dem Singular des unbestimmten Artikels. Dementsprechend gehört vor maskuline Substantive die männliche Form ***un***, vor feminine die weibliche Form ***una***. Nur wenn kein Substantiv dabeisteht, müssen Sie statt *un* ***uno*** setzen:

*¿Tienes **un** coche? – Sí, tengo **uno**.*
Hast du **ein** Auto? – Ja, ich habe **eins**.

2. Die Zahlwörter von 16 bis 29: Zehner und Einer werden aneinander gehängt

Von der 16 an wird das System überschaubarer:

16	***dieciséis***
17	*diecisiete*
18	*dieciocho*
19	*diecinueve*

20	***veinte***
21	***veintiuno*** *(veintiún, veintiuna)*
22	*veintidós*
23	*veintitrés*

24	*veinticuatro*		*27*	*veintisiete*
25	*veinticinco*		*28*	*veintiocho*
26	*veintiséis*		*29*	*veintinueve*

Das Prinzip ist deutlich zu erkennen: Die Einer werden mit «und» an den jeweiligen Zehner gehängt. Die spanischen Zahlen funktionieren also genau «andersherum» als die deutschen: Statt «neun-zehn»sagen die Spanier «zehn und neun».

Zwischen 16 und 29 variiert allerdings die Schreibweise: Das *z* von *diez* wird zu *c*, und *veinte* verliert sein *e* am Wortende. Außerdem schreibt sich «und» (eigentlich *y*) – solange beide Zahlen verbunden sind – als *i*.

Die Akzente auf einigen Zahlwörtern (z.B. *veintidós, veintitrés*) sind notwendig, damit sich die Betonung nicht «unmotiviert» um eine Silbe nach vorn verschiebt (vgl. SLE 2.4.).

3. Die Zahlwörter von 30 bis 99: mit *y* addierte Einer

Von da ab geht es ganz regelmäßig weiter:

30	***treinta***			
31	***treinta y uno*** *(un, una)*		*36*	*treinta y seis*
32	***treinta y dos***		*37*	*treinta y siete*
33	*treinta y tres*		*38*	*treinta y ocho*
34	*treinta y cuatro*		*39*	*treinta y nueve*
35	*treinta y cinco*		*40*	***cuarenta***

Ab 30 wird alles ganz einfach: Man zählt die Einer mit *y* zu dem entsprechenden Zehner: «dreißig und eins», «dreißig und zwei»und so weiter. Hier (rechts) die übrigen Zehner und (links) noch ein paar Beispiele:

52	*cincuenta y dos*		*50*	***cincuenta***
64	*sesenta y cuatro*		*60*	***sesenta***
75	*setenta y cinco*		*70*	***setenta***
87	*ochenta y siete*		*80*	***ochenta***
99	*noventa y nueve*		*90*	***noventa***

Natürlich erkennt man in den Zehnerzahlwörtern die entsprechenden Einer – etwas verändert – wieder: *siete* ⇨ ***s**e**tenta***; *nueve* ⇨ ***n**o**venta***. Sie müssen nur aufpassen, dass Sie beide nicht verwechseln.

Etwas gewöhnungsbedürftig ist allenfalls, dass die Eins auch nach Zehnerzahlwörtern an ihr Bezugswort angeglichen wird. Es heißt also:

*veinti**una** revistas, treinta y **un** estudiantes*

4. Die Zahlen von 100 bis 199

Das Zahlwort für «Hundert» gibt es in einer «Kurz-» und einer «Langfassung»: ***cien*** und ***ciento***. «Hundert» für sich alleine heißt *cien*. Man setzt also im Spanischen keine «eins»davor wie im Deutschen («einhundert», aber *cien*):

Tengo ***cien*** *euros.* — Ich habe (ein) hundert Euro.

Folgt auf die Hundert eine niedrigere Zahl (also 1 bis 99), müssen Sie dagegen ***ciento*** setzen. Außerdem steht nach Hundertern kein *y*. Die Zahlen zwischen 101 und 199 werden also nach folgendem Muster gebildet:

100	***cien***
101	***ciento uno*** *(un/una)*
102	***ciento dos***
103	*ciento tres*
113	*ciento trece*
124	*ciento veinticuatro*
160	*ciento sesenta*
177	*ciento setenta y siete*
199	*ciento noventa y nueve*

Wenn ein Substantiv folgt, steht auch bei 101 (bzw. 121, 131 etc.) wieder die Form *un (ciento un)* bzw. *una (ciento una)* je nach Wortgeschlecht: *ciento un**a** revistas.*

5. Die Zahlen von 200 bis 900

Dieselbe Merkwürdigkeit, dass Sie ein Zahlwort an ein nachfolgendes Substantiv angleichen müssen (falls vorhanden), bleibt Ihnen auch für die Hunderter von 200 bis 900 erhalten:

200	*doscient**os**/doscient**as***
300	*trescientos/trescientas*
400	*cuatrocientos/cuatrocientas*
500	***quin**ientos/**quin**ientas*
600	*seiscientos/seiscientas*
700	*s**e**tecientos/s**e**tecientas*
800	*ochocientos/ochocientas*
900	*n**o**vecientos/n**o**vecientas*

«Einfach so» 200 heißt natürlich *doscientos*, 200 Peseten seligen Gedenkens waren dagegen *doscient**a**s pesetas*. (Mit dem Euro ist wenigstens das leichter geworden!)

Wie Sie sicherlich bemerkt haben, werden die Ziffern für 200 bis 900 dadurch gebildet, dass man den jeweiligen Einer mit dem (in den Plural gesetzten) Zahlwort für «hundert» verbindet: ***dos**cientos**/as**, **tres**cientos**/as*** – mit einer kleinen Variante bei 700 und 900 (*setecientos/as bzw. novecientos/as*, statt *siete* bzw. *nueve*). Nur die 500 (***quin**ientos/as*) tanzt beträchtlich aus der Reihe und sei Ihnen deshalb besonders ans Herz gelegt ...

Hinter diesen Ziffern geht es genauso weiter wie nach 100:

345	*trescientos cuarenta y cinco*
826	*ochocientos veintiséis*

6. Die Zahlen von 1.000 bis 1.000.000

Das Zahlwort für 1000, ***mil***, ist gottlob unveränderlich und auch sonst leichter zu handhaben:

1.000	***mil***
2.000	***dos mil***
5.000	*cinco mil*
6.580	*seis mil quinientos ochenta*
10.000	*diez mil*
100.000	***cien** mil*
200.000	*doscientos mil*

Auch vor *mil* steht keine «eins». Die Zahl «eintausend» lautet im Spanischen also *mil*.

Ansonsten gehört weder vor noch hinter *mil* ein *y*. Für «hundert» steht vor *mil* allerdings wieder *cien* (weil die Form *ciento* nur mit kleineren Zahlen, also Einern und Zehnern, verbunden wird). Bei 200.000 usw. muss das Ende des jeweiligen Hunderters gegebenenfalls wieder an ein nachfolgendes Substantiv angeglichen werden (*quinientas mil revistas*).

7. Die Zahlen ab 1.000.000

Die spanische Million ist ein maskulines Substantiv. Deswegen heißt 1.000.000 ***un** millón* (es steht also ein unbestimmter Artikel), deswegen gibt es ab 2.000.000 den Plural *dos millones*. Für die Hundert steht – wie schon vorher bei den Tausendern – die Form *cien*. Die Zahlwörter für 200, 300 usw. bleiben vor der Million maskulin (*un millón*, also: *trescientos millones*).

1.000.000	***un** millón*
2.000.000	*dos millon**es***
100.000.000	*cien millones*
200.000.000	*doscientos millones **de** habitantes*

Nachfolgende Substantive (1.000.000 Zeitschriften, Einwohner oder dergleichen) werden mit *de* angeschlossen:

Madrid tiene cuatro millones ***de*** *habitantes.*
Madrid hat vier Millionen Einwohner.

Das *de* entfällt allerdings, wenn zwischen der Million und dem Substantiv noch ein weiteres Zahlwort steht:

Esta casa vale dos millones trescientos mil euros.
Das Haus kostet 2.300.000 Euro.

Lange Zeit sind die Spanier ohne ein «richtiges»Zahlwort für die **Milliarde** ausgekommen. Man umschrieb sie mit ***mil millones***. Heute gibt es aber außerdem ***un millardo***:

1.000.000.000 ***mil millones / un millardo***

☝ Wenn Sie es noch genauer wissen wollen:

8. Sonderfunktionen einiger Zahlwörter

Genau wie im Deutschen kann auch von «Hunderten von Autos», «Tausenden von Hunden» oder «Millionen von Küchenschaben» die Rede sein. In diesem Fall werden auch die Zahlwörter *cien/ciento* und *mil* in den Plural gesetzt:

*cient**os** de coches / cient**as** de personas* — Hunderte von Autos/Personen
*mil**es** de perros* — Tausende von Hunden
*millon**es** de cucarachas* — Millionen von Küchenschaben

«Prozent» wird mit *por cien(to)* wiedergegeben.

Übung

Schreiben Sie bitte die folgenden Ziffern aus:

78: ____________________
22: ____________________
35: ____________________
19: ____________________
99: ____________________
47: ____________________
28: ____________________
15: ____________________

66: ________________
51: ________________
17: ________________
33: ________________
100: ______________
12: ________________
14: ________________
44: ________________

1.789: ____
9.323: ____
255.513: ____
1.965.741: ____
3.822.511: ____

■ SLE 8: Verben auf *-er* und *-ir*

Was Sie schon kennen: regelmäßige Verben auf *-ar*.

In SLE 5 haben Sie als erste Gruppe die regelmäßigen Verben auf *-ar* kennen gelernt. Hier noch einmal die Übersicht:

Infinitiv	*trabaj**ar***	*estudi**ar***
Singular		
(yo)	*trabaj**o***	*estudi**o***
(tú)	*trabaj**as***	*estudi**as***
(él/ella/Vd.)	*trabaj**a***	*estudi**a***
Plural		
(nosotras/nosotros)	*trabaj**amos***	*estudi**amos***
(vosotras/vosotros)	*trabaj**áis***	*estudi**áis***
(ellos/ellas/Vds.)	*trabaj**an***	*estudi**an***

Außer den Verben auf *-ar* gibt es noch zwei weitere regelmäßige Verbgruppen mit den Infinitivendungen *-er* und *-ir*.

1. Verben auf *-er*: nur ein Laut weicht ab.

Die Verben auf *-ir* und *-er* sind so etwas wie sprachliche Zwillinge: Ihre Formen ähneln sich sehr, oft sind sie (in bestimmten Zeitformen) sogar identisch. Sehen wir uns zunächst das Präsens der Verben auf *-er* an:

Infinitiv	*com**er***	*vend**er***
Singular		
(yo)	*com**o***	*vend**o***
(tú)	*com**es***	*vend**es***
(él/ella/Vd.)	*com**e***	*vend**e***
Plural		
(nosotros/nosotras)	*com**emos***	*vend**emos***
(vosotros/vosotras)	*com**éis***	*vend**éis***
(ellos/ellas/Vds.)	*com**en***	*vend**en***

Der einzige Unterschied zu den Verben auf *-ar* besteht also in dem jeweils ersten Vokal der Endung: Anstelle des *a* steht ein *e* (*estudi**a**s* ⇨ *com**e**s*). Alles andere bleibt gleich. Die Ichform *(-o)* ist in beiden Verbgruppen sogar identisch.

2. Verben auf *-ir*: nur zwei Endungen sind neu.

Und hier zwei regelmäßige Verben auf ***-ir***:

Infinitiv	*viv**ir***	*escrib**ir***
Singular		
(yo)	*viv**o***	*escrib**o***
(tú)	*viv**es***	*escrib**es***
(él/ella/Vd.)	*viv**e***	*escrib**e***
Plural		
(nosotros/nosotras)	*viv**imos***	*escrib**imos***
(vosotros/vosotras)	*viv**ís***	*escrib**ís***
(ellos/ellas/Vds.)	*viv**en***	*escrib**en***

Die Verben auf *-ir* unterscheiden sich also nur in der 1. und 2. Person Plural von den *er*- Verben:

	Verben auf ***-ir***	Verben auf ***-er***
(nosotros/nosotras)	*viv**imos***	*vend**emos***
(vosotros/vosotras)	*viv**ís***	*vend**éis***

In allen anderen Präsensformen sind die Endungen mit denen der *er*-Verben identisch.

Übungen

A. Bilden Sie bitte folgende Verbformen:

	hablar	***vender***	***vivir***
(tú)			
(vosotros/as)			
(ellos/ellas)			

	comprar	***leer***	***escribir***
(yo)			
(nosotros/-as)			
(él/ella)			

B. Ergänzen Sie bitte die passende Verbform:

1. *Pilar (vivir) ______________ en Santiago de Compostela. Ella y su marido* [ihr Mann] *(estudiar) ______________ economía en la universidad. Tienen un hijo, Juan.*
2. *Santiago (ser) ______________ la capital de Galicia. (Estar) ______________ cerca de la costa. En Galicia se (hablar) ______________ gallego y castellano. Pilar no (ser) ______________ de Galicia; por eso (aprender) ______________ el gallego.*
3. *De momento, Pilar y su marido (estar) ______________ en casa. (desayunar) ______________ en el cuarto de estar* [Wohnzimmer]. *Pilar (leer) ______________ el periódico, su marido (escribir) ______________ una carta* [Brief] *a un amigo. Después de desayunar, van a la universidad.*

Was Sie schon kennen: die regelmäßigen Verben auf *-ar*, *-er* und *-ir*.

Die regelmäßigen Verben auf *-ar*, *-er* und *-ir* haben Sie inzwischen kennen gelernt:

Infinitiv	*alquil**ar*** («mieten, vermieten»)	*com**er*** («essen, zu Mittag essen»)	*viv**ir*** («leben»)
(yo)	*alquil**o***	*com**o***	*viv**o***
(tú)	*alquil**as***	*com**es***	*viv**es***
(él/ella/Vd.)	*alquil**a***	*com**e***	*viv**e***
(nosotros/ nosotras)	*alquil**amos***	*com**emos***	*viv**imos***
(vosotros/ vosotras)	*alquil**áis***	*com**éis***	*viv**ís***
(ellos/ellas/ Vds.)	*alquil**an***	*com**en***	*viv**en***

Der Unterschied zwischen diesen drei Konjugationen ist gering, er besteht lediglich in einem einzigen Vokal (*a*, *e* oder *i*), die erste Person Singular ist gleich und endet in allen Fällen auf *-o*. Die Verben auf *-er* stimmen mit denen auf *-ir* sogar bis auf die 1. und 2. Person Plural vollkommen überein (*com**e**mos* —> *viv**i**mos*, *com**é**is* —> *viv**í**s*).

1. Stammbetonte und endungsbetonte Verbformen

Man kann solche Verbformen aber auch noch anders sortieren:

Infinitiv	**stammbetont**	**endunasbetont** *comer*
(yo)	*c**o**mo*	
(tú)	*c**o**mes*	
(él/ella/Vd.)	*c**o**me*	
(nosotros/nosotras)		*com**e**mos*
(vosotros/vosotras)		*com**é**is*
(ellos/ellas/Vds.)	*c**o**men*	

Bei den Einzahlpersonen und der 3. Person Plural liegt die Betonung auf dem **Verbstamm** (*c**o**m-o* oder *c**o**m-en*), bei der 1. und 2. Person Plural (und beim Infinitiv) dagegen auf der **Endung** (*com-**e**mos, com-**é**is*). Dies gilt natürlich auch für die beiden anderen Konjugationen (z.B. *alqu**i**l-o*, aber *alquil-**a**mos* oder *v**i**v-es* beziehungsweise *viv-**í**s*).

Es gibt also zwei Arten von Verbformen: **stammbetonte und endungsbetonte**. Warum wir Sie mit solchem «Kleinkram» peinigen? Weil sich durch dieses Muster viele «Unregelmäßigkeiten» spanischer Verben erklären lassen und Sie (vor allem auf Dauer) eine Menge Lernarbeit sparen können.

2. Verben mit Doppellaut in den stammbetonten Formen: z.B. *querer* ⇨ *quiero*

Es beginnt schon, wenn Sie auf Sätze wie diesen stoßen:

> *Ana y su marido **quie**ren comprar una casa propia.*
> Ana und ihr Mann wollen ein eigenes Haus kaufen.

Der Infinitiv zu *quieren* heißt aber *querer*. Ist das Verb also unregelmäßig? Eigentlich nicht – und «uneigentlich» enthält es lediglich eine Variante, die bei zahlreichen Verben vorkommt und leicht erklärbar ist. Sehen wir uns dazu einmal die gesamten Präsensformen an:

Infinitiv	**stammbetont**	**endungsbetont** *querer*
(yo)	*qu**ie**ro*	
(tú)	*qu**ie**res*	
(él/ella/Vd.)	*qu**ie**re*	
(nosotros/nosotras)		*queremos*
(vosotros/vosotras)		*queréis*
(ellos/ellas/Vds.)	*qu**ie**ren*	

Haben Sie das Muster wiedererkannt? In den stammbetonten Formen verwandelt sich das e des Verbstamms in ein *ie* (*qu**e**rer* —> *qu**ie**ro*), in den endungsbetonten Formen – zu denen auch der Infinitiv gehört – ändert sich nichts.

Dieses Prinzip gilt durchgehend – es gibt aber eine Reihe von Varianten.

Nummer 1 kennen Sie jetzt: *e* in den endungsbetonten, *ie* in den stammbetonten Formen. Nach diesem Prinzip werden zahlreiche Verben konjugiert.

Häufig ist auch die **zweite Variante**:

> *¿A qué hora **vuelve** Kristina? – **Vuelve** siempre a las ocho.*
> Wann kommt Kristina zurück? – Sie kommt immer um acht zurück.

Der Infinitiv zu *v**ue**lve* lautet *v**o**lver*. Hier «verwandelt» sich in den stammbetonten Formen also ein ***o*** in ***ue*:**

Infinitiv	stammbetont	endungsbetont *volver*
(yo)	*v**ue**lvo*	
(tú)	*v**ue**lves*	
(él/ella/Vd.)	*v**ue**lve*	
(nosotros/nosotras)		*v**o**lvemos*
(vosotros/vosotras)		*v**o**lvéis*
(ellos/ellas/Vds.)	*v**ue**lven*	

Ähnlich **Variante Nr. 3**, nur dass es diesmal ein *u* ist, das in den stammbetonten Formen zu *ue* wird:

*El pequeño Juan **jue**ga en el jardín.* — Der kleine Juan spielt im Garten.

Und hier die Übersicht:

Infinitiv	stammbetont	endungsbetont *jugar*
(yo)	*j**ue**go*	
(tú)	*j**ue**gas*	
(él/ella/Vd.)	*j**ue**ga*	
(nosotros/nosotras)		*j**u**gamos*
(vosotros/vosotras)		*j**u**gáis*
(ellos/ellas/Vds.)	*j**ue**gan*	

Bei der letzten Gruppe wird in den stammbetonten Formen aus ***i*** ein ***ie*** (z.B. *adquirir*, «erwerben»):

Infinitiv	stammbetont	endungsbetont *adquirir*
(yo)	*adqu**ie**ro*	
(tú)	*adqu**ie**res*	
(él/ella/Vd.)	*adqu**ie**re*	
(nosotros/nosotras)		*adqu**i**rimos*
(vosotros/vosotras)		*adqu**i**rís*
(ellos/ellas/Vds.)	*adqu**ie**ren*	

3. Verben mit Vokalwechsel in den stammbetonten Formen: z.B. *pedir* ⇨ *pido*

Eine andere – ebenfalls sehr häufige **Variante –** ist ein Wechsel von *e* (Infinitiv, sonstige endungsbetonte Formen) zu *i* in den stammbetonten Formen, z.B. bei *pedir* (bitten, auch: bestellen):

En el bar del Centro, Kristina ***pide*** *un vaso de vino.*
In der Kneipe «Zum Zentrum» bestellt Kristina ein Glas Wein.

Infinitiv	**stammbetont**	**endungsbetont** *pedir*
(yo)	*pido*	
(tú)	*pides*	
(él/ella/Vd.)	*pide*	
(nosotros/nosotras)		*pedimos*
(vosotros/vosotras)		*pedís*
(ellos/ellas/Vds.)	*piden*	

4. Hilfen und Lernstrategien

In Wörterbüchern finden Sie hinter Verben mit Doppellaut/Vokalwechsel entweder einen kurzen Hinweis (z.B. *cerrar <ie>*) oder einen Verweis auf die Verbtabelle im Anhang (etwa: *cerrar* [1k]. Unter [1k] ist dann das entsprechende Konjugationsmuster abgedruckt).

Das ist sicherlich nützlich, wenn man ein Verb nachschlägt, hilft einem aber beim Sprechen und Schreiben wenig. Hier muss mir ja «blitzartig» einfallen, dass bei der Ichform von *cerrar* aus dem *e* ein *ie* wird.

Wie das lerntechnisch in den Griff zu bekommen ist? Ganz einfach – bei den Verben mit «Lautveränderung» merken Sie sich zusätzlich zum Infinitiv noch eine der stammbetonten Präsensformen, z.B. besagte Ich-Form: *querer* ⇨ *quiero, cerrar* ⇨ *cierro, volver* ⇨ *vuelvo*. Der Rest ergibt sich dann von selbst.

Übungen

A. Bilden Sie bitte folgende Verbformen:

sentir [ie] («fühlen», «bedauern»)
poder [ue] («können»)
recordar [ue] («erinnern, s. erinnern»)
querer [ie] («wollen», «lieben»)
servir [i] («bedienen», «dienen»)

	sentir	***poder***	***servir***
(tú)			
(nosotros/-as)			
(él/ella)			

	pedir	***recordar***	***querer***
(vosotros/-as)			
(yo)			
(ellos/ellas)			

B. Ergänzen Sie bitte die passende Verbform:

1. *En el bar, Kristina (pedir) _____________ un vaso de vino. Pilar y Ramón (pedir) _____________ una cerveza.*
2. *Ara (querer) _____________ respirar aire puro. Y vosotros, ¿no (querer) _____________ salir con ella?*
3. *¿(Poder) _____________ Vd. decirme* [mir sagen] *dónde está la universidad? – Lo (sentir) _____________* [tut mir Leid], *no (poder) _____________, no soy de Santiago.*

■ SLE 10: 1. Demonstrativbegleiter 2. Demonstrativpronomen

Grundsätzliches: ganz nah – nah – weiter entfernt

An dieser Stelle müssen wir Sie zunächst davon in Kenntnis setzen, dass die Spanier in Sachen Demonstrativbegleiter und -pronomen («dieser», «diese», «dieses») etwas eigenwillig sind. Sie unterscheiden nämlich minutiös zwischen Menschen und Gegenständen, die sich ganz in der Nähe, ziemlich nah oder weiter entfernt befinden. Das gilt übrigens auch zeitlich und im übertragenen Sinne – wenn etwas beispielsweise geistig nahe liegt, weil man sich gerade damit beschäftigt.

Zunächst noch ein paar Worte über den Unterschied zwischen einem Demonstrativbegleiter und einem Demonstrativpronomen (oder «hinweisendem Fürwort»). Wenn ich in einem Geschäft sage:

Ich hätte gern **dieses** Hemd.

– dann ist das Wort «dieses» ein Demonstrativbegleiter, denn es begleitet das betreffende Substantiv («... dieses Hemd»): Das Wort «Hemd» wird durch ein hinweisendes Element ergänzt. Es ist im Grunde, als würde ich mit dem Finger auf das Hemd zeigen.

Sage ich hingegen:

Das blaue Hemd gefällt mir nicht, ich nehme lieber **dieses**.

– dann handelt es sich um ein Demonstrativpronomen, denn das Wort «dieses» enthält gleichzeitig das Substantiv «Hemd» (wovon sonst sollte die Rede sein?). Wieder weise ich also gezielt auf ein Hemd hin, ohne es allerdings direkt zu bezeichnen.

Alle Demonstrativbegleiter werden an das Substantiv, das sie begleiten, angeglichen. Sie verhalten sich also exakt wie **Adjektive** (vgl. SLE 29).

1. Demonstrativbegleiter

1.1. Ganz nah: *este, esta* und *estos, estas*

Eine unmittelbare Nähe bezeichnen die folgenden Begleiter:

Este libro *es muy interesante.* — Dieses Buch (hier) ist sehr interessant.
Esta paella *está muy rica*[1]. — Diese Paella ist sehr schmackhaft.
Estos libros *son muy interesantes.* — Diese Bücher sind sehr interessant.
Estas casas *están bastante sucias.* — Diese Häuser sind ziemlich schmutzig.

1 Zusammen mit *ser* bedeutet *rico* übrigens «reich», vgl. SLE 4.2.

Die vier Formen lauten also:

	maskulin	feminin
Singular:	*este*	*esta*
Plural:	*estos*	*estas*

Genau wie im Deutschen kann ich eine Nähe oder Entfernung aber auch durch **Adverbien** ausdrücken. Das entsprechende Adverb zu den Demonstrativbegleitern *este*/esta etc. (zum Ausdruck einer räumlichen Nähe) lautet ***aquí*** (etwa: «hier»).

1.2. Nah oder in der Nähe der angesprochenen Person: *ese, esa* und *esos, esas*

Gegenstände und Personen, die sich in der Nähe befinden, werden mit ***ese***, ***esa***, ***esos*** oder ***esas*** bezeichnet. Diese vier Begleiter unterscheiden sich von der ersten Gruppe also nur durch das fehlende *t* – statt *es**t**e* heißt es *ese* und so weiter.

*¿Quién es **ese señor**?* — (etwa:) Wer ist der/dieser Herr (dort drüben)?

*¿Quién es **esa señora**?* — Wer ist die Dame dort?

*¿Quiénes son **esos señores**? ¿Quiénes son **esas señoras**?*
Wer sind die Herren/Damen dort?

Der entscheidende Unterschied ist, dass sich die genannten Damen und Herren jetzt außer Reichweite befinden – in vielleicht zwei Metern Entfernung von der sprechenden Person. Oft wird mit *ese, esa* etc. auch eine Nähe zu der angesprochenen Person ausgedrückt (sinngemäß: «... die Dame, die neben Ihnen steht»).

Die Demonstrativbegleiter *ese/esa* etc. haben aber noch eine Nebenfunktion: Man benutzt sie oft, um sich über eine Sache oder eine Person geringschätzig und abwertend zu äußern:

*¿Dónde está **ese** Hernández?*
(etwa:) Wo steckt dieser blöde Hernández schon wieder?

*No me gusta la cerveza **esa**.*
(etwa:) Dieses (schlechte) Bier schmeckt mir nicht.

Der Demonstrativbegleiter steht dann oft hinter dem Substantiv *(la cerveza esa)*.

Hier noch einmal die vier Formen:

	maskulin	feminin
Singular:	*ese*	*esa*
Plural:	*esos*	*esas*

Das entsprechende Adverb lautet ***ahí*** (etwa: «dort»).

1.3 Weit entfernt: *aquel, aquella, aquellos, aquellas*

Für Gegenstände und Personen, die sich weder in der Nähe der sprechenden noch der angesprochenen Person befinden, gibt es vier weitere Demonstrativbegleiter: ***aquel***, ***aquella***, ***aquellos***, ***aquellas***.

*Kristina no vive aquí. Vive en **aquella** calle.* (etwa:) Hier wohnt Kristina nicht. Sie lebt in der Straße dort drüben.

Man kann die Straße zwar vielleicht gerade noch sehen, sie ist aber auf jeden Fall ein gutes Stück entfernt.

Hier die vier Formen noch einmal in der Übersicht:

	maskulin	feminin
Singular:	*aquel*	*aquella*
Plural:	*aquellos*	*aquellas*

Das dazugehörige **Adverb** lautet ***allí*** (etwa: «da hinten», «dort drüben»).

2. Demonstrativpronomen: dieselben Formen + ein Neutrum

Das Thema «Demonstrativpronomen» lässt sich in einem einzigen Satz abhandeln: Sie sind mit den Demonstrativbegleitern identisch.

***Esta** es una amiga. Se llama Kristina.* — Dies ist eine Freundin. Sie heißt Kristina.

Oft werden die Demonstrativpronomen – wie in unserem Beispiel – durch eine Form von *ser* mit ihrem Bezugswort (hier: *amiga*) verbunden, an das sie natürlich ebenfalls angeglichen werden müssen (*Est**a** es un**a** amig**a***).

*¿De quién son esos libros? – **¿Estos?** Son de Kristina.*
Wem gehören die Bücher da? – Diese (hier)? Die gehören Kristina.

Links, in der Frage, steht der Demonstrativbegleiter *esos*, weil sich besagte Bücher in der Nähe der angesprochenen Person (und vom Sprecher etwas weiter entfernt) befinden. Das Demonstrativpronomen in der Antwort *(estos)* steht unabhängig von seinem Bezugswort *(libros)*, wird aber trotzdem angeglichen[2].

Anders als bei den Demonstrativbegleitern gibt es für die entsprechenden Pronomen auch ein **Neutrum**. Sie erkennen es an der **Endung -*o***: *est**o**, es**o** und aquell**o***[3].

---

2 Demonstrativpronomen werden übrigens manchmal mit Akzent geschrieben (... *éste es un amigo, ésta es una amiga).*
3 Denken Sie an den bestimmten Artikel *lo*.

*¿Qué es **esto**? – Es una iglesia moderna. – ¿**Y aquello**? – Es el ayuntamiento.*
Was ist **dies** hier? – **Das** ist eine moderne Kirche. – Und **das** da hinten? – Das ist das Rathaus.

Die neutralen Formen des Demonstrativpronomens stehen, wenn man sich auf etwas bezieht, das zuvor nicht erwähnt wurde. Weder von der modernen Kirche noch dem in der Ferne liegenden Rathaus war bisher die Rede.

Neutrale Demonstrativpronomen werden außerdem gesetzt, wenn von einem Sachverhalt die Rede ist:

*¿Quién dice **eso**?* — (etwa:) Wer sagt das / so etwas?
*No estoy de acuerdo con **esto**.* — Damit bin ich nicht einverstanden.
***Eso** es.* — Stimmt (eigentlich: So ist es).

Im ersten Beispiel bezieht sich das neutrale Demonstrativpronomen auf eine Äußerung (das, was der Betreffende sagt), in den beiden anderen auf einen Zusammenhang (ich bin mit irgendetwas nicht einverstanden oder stimme zu). Es gibt also kein Bezugswort, folglich steht das Neutrum.

Übungen

A. Gleichen Sie bitte die Demonstrativbegleiter an.

1. *est___ fin de semana*
2. *est___ semana*
3. *es___ ciudad*
4. *aque___ coches*
5. *est___ pueblos*
6. *aque___ montañas*
7. *es___ trenes*
8. *aque___ libro*
9. *aque___ bicicleta*
10. *est___ avión*

B. Ergänzen Sie bitte den passenden Demonstrativbegleiter.

1. *¿Vive Kristina en _______ calle? — No, no vive aquí. Vive allí, en _______ calle.*
2. *¿Qué es est_______ edificio? — Es la universidad.*
   ¿Y aqu_______ iglesia? — Es la catedral de Santiago.
3. *¿Puedes darme* [mir geben] *_______ libro? — ¿ _______?*
4. *¿Vives en _______ ciudad? — _______ es, vivo aquí.*
5. *_______ ciudad está bastante sucia* [ziemlich schmutzig].

■ SLE 11: **Aussagesätze**

Was Sie (bestimmt) schon kennen: die wichtigsten Satzteile.

Zum Einstieg eine gute Nachricht: Die üblichen, seit Grundschulzeiten bekannten, Satzteile können «mental recycelt» werden, denn es gibt natürlich auch im Spanischen das **Subjekt** (Satzgegenstand), das **Prädikat** (Satzaussage) und das **Objekt** (Satzergänzung):

Kristina besichtigt die Burg. (Subjekt) – (Prädikat) – (Objekt)

Die Satzteile müssen im Spanischen normalerweise (es gibt ein paar Ausnahmen) auch in dieser Reihenfolge stehen – wenigstens im Aussagesatz. Sie erinnern sich vielleicht noch an die «Zauberformel»:

S – P – O

(«Sohn – Papa – Opa» alias «Subjekt – Prädikat – Objekt»). Im Deutschen kann ich diese Satzstellung nahezu beliebig variieren, etwa aus Gründen der Betonung: «Was? **Die Burg** hat Kristina besichtigt? Warum nicht zuerst die Kathedrale?» Das geht im Spanischen nicht so ohne weiteres.

1. Subjekt und Prädikat: auf der Iberischen Halbinsel nichts Neues!

Auf Spanisch lautet unser Beispielsatz:

Kristina visita el castillo. S P O

Dass der «Sohn», das Subjekt – wenn es sich um ein Pronomen handelt – meistens unter den Tisch fällt, wissen Sie schon. Er ist dann gewissermaßen nur noch als Endung vorhanden:

*(Ella) visit**a** el castillo.* (S) P O

Das **Subjekt** – auch wenn es nicht ausdrücklich genannt wird – bestimmt die Endung des **Prädikats**: *(Yo) visit**o** el castillo. (Tú) visit**as** el castillo. Pilar y Kristina visit**an** el castillo.* Und so weiter. Die entsprechenden Endungen haben Sie – wenigstens für die regelmäßigen Verben – inzwischen kennen gelernt (SLEs 5 und 8).

2. Das Objekt: im Spanischen nur direkt oder indirekt

Beim Objekt müssen Sie allerdings ein wenig umdenken. Im Deutschen haben wir bekanntlich vier Fälle: «die Burg» (Nominativ), «der Burg» (Genitiv) und so weiter. Dementsprechend gibt es Akkusativobjekte, Dativobjekte und (sehr selten) Genitivobjekte.

Das Spanische kennt dagegen keine Fälle. Also werden auch die Objekte anders unterschieden – wobei das deutsche System allerdings Hilfestellung leisten kann.

Im Spanischen gibt es nämlich zwei andere Arten von Objekten: **direkte** und **indirekte**. Die direkten Objekte entsprechen meistens einem deutschen Akkusativ («wen oder was?»), die indirekten Personenobjekte mit *a* sehr oft einem deutschen Dativ («wem?»). Das klappt sehr häufig, leider aber nicht in allen Fällen.

◆ Verben mit direktem Objekt: keine Präposition bei Sachen

Ein **direktes Objekt** entspricht – wie gesagt – oft einem deutschen Akkusativobjekt, lässt sich also mit «wen oder was?» erfragen. Im Spanischen ist es daran zu erkennen, dass – wenn es sich um eine Sache handelt – keine Präposition steht:

Kristina y Pilar visitan ***Toledo.***
Kristina und Pilar besuchen/besichtigen (wen oder was?) Toledo.

Ist das direkte Objekt eine Person, müssen Sie allerdings die Präposition *a* setzen:

Pilar visita ***a Kristina.*** — Pilar besucht (wen?) Kristina.

In beiden Beispielen stimmen spanisches direktes Objekt und deutscher Akkusativ überein. Ab und zu stößt man allerdings auf «Ausnahmen» (für uns, nicht für die Spanier):

Kristina espera ***el autobús.*** — Kristina wartet **auf** den Autobus.
Espera también ***a*** *un amigo.* — Sie wartet auch **auf** einen Freund.

Solche «Ausnahmen» sollten Sie sich besonders gut einprägen. In diesem Fall hilft als «Eselsbrücke» vielleicht die Bedeutung «jemanden erwarten» weiter.

Nach *tener* steht übrigens auch bei Personenobjekten kein *a*:

Kristina tiene[1] *muchos amigos.* — Kristina hat viele Freunde.

◆ Verben mit indirektem Objekt: *a* + Person

Bei einer anderen Gruppe von Verben folgen als Objekt eine oder mehrere Personen, die ebenfalls mit *a* angeschlossen werden. Diese Form des indirekten Objekts entspricht meistens einem deutschen Dativobjekt («wem?»):

La foto de la fiesta no gusta ***a Kristina.***
Das Foto von der Fete gefällt (wem?) Kristina nicht.

Wieder gibt es einige Abweichungen: Verben, nach denen im Deutschen der Akkusativ, im Spanischen aber ein indirektes Objekt steht, z.B. *preguntar* («fragen»); *costar* («kosten»), *pedir* («erbitten, bestellen») und *interesar* («interessieren»).

1 Zu den Präsensformen von *tener* s. Zusatz-SLE «Verben» .

Dieser Unterschied zwischen direktem und indirekten Personenobjekt mit *a* ist vor allem von Bedeutung, wenn Sie das Objekt durch ein Pronomen (z.B. «Kristina wartet auf ihn.» für: «... auf den Autobus») ersetzen wollen (vgl. SLE 21/22).

- **Verben mit direktem und indirektem Objekt: andere Reihenfolge als im Deutschen**

Eine ganze Reihe Verben können mit zwei Objekten stehen – einem direkten und einem indirekten:

Pilar da ***un libro a Kristina.***
Pilar gibt (wem?) Kristina (wen oder was?) ein Buch.

Das, was Pilar übergibt, die Sache (das Buch), ist also direktes Objekt, die Person, der sie das Buch gibt, wird als indirektes Objekt mit *a* angeschlossen. Die Reihenfolge ist im Vergleich zum Deutschen leider genau umgekehrt: zuerst kommt das direkte (Sach-) Objekt, dann das indirekte (Personen-) Objekt.

Pilar da	***un libro***	***a Kristina.***
Pilar gibt	Kristina	ein Buch.

Eselsbrücke: Bei Objekten geht direkt vor indirekt!

- **Indirekte Objekte mit anderen Präpositionen: sinngemäß**

Je nach Verb und Bedeutung können natürlich auch andere Präpositionen stehen: je nachdem, ob Sie mit jemandem oder über jemanden reden, mit jemandem tanzen, ohne jemanden ausgehen etc.:

Kristina baila ***con Ramón.*** — Kristina tanzt **mit Ramón.**

Das ist eigentlich logisch, wir weisen an dieser Stelle nur darauf hin, weil hinter solchen Präpositionen bestimmte Pronomen stehen.

3. Andere Ergänzungen: adverbiale Bestimmungen

Außer dem Objekt gibt es – genau wie im Deutschen – noch andere Ergänzungen. Sie können ebenfalls aus einem **Substantiv mit Präposition** bestehen:

Juan vive ***en Santiago de Compostela.***
Juan lebt in Santiago de Compostela.

Typisch sind Orts- oder Zeitangaben. Es handelt sich dabei um so genannte **adverbiale Bestimmungen**. Hier wird die Präposition nicht durch das Verb bestimmt, sondern ergibt sich aus der Art der adverbialen Bestimmung.

Übung

Ergänzen Sie bitte – falls notwendig – die Präposition.

1. *Kristina visita ___ Ana. Ana vive ____ Sevilla. Kristina no conoce* [kennen] *_____ Sevilla. La ciudad gusta* [gefallen] *mucho ____ Kristina.*
2. *María José busca* [suchen] *____ un piso grande* [große Wohnung]. *Quiere comprar _____ un piso ________ el centro de la ciudad. Llama* [anrufen] *____ señor Conrado. El señor Conrado ofrece* [anbieten] *_____ unos pisos _____ María José. Los pisos no gustan ____ su marido.*
3. *El señor García vende ____ una casa en la ciudad. La casa gusta mucho ___ María José. Escribe _____ una carta _____ su amiga.*
4. *¿Conoces __ Pilar? — Sí, conozco ___ Pilar.*
5. *¿A quién busca José? — Busca ___ Carmen.*

■ SLE 12: 1. Präpositionen bei Ortsangaben
2. Grundsätzliches über Präpositionen
3. Faustregeln zum Gebrauch einiger Präpositionen
4. Ländernamen und -adjektive

Was Sie schon kennen: «Verhältniswörter»

Normalerweise drücken Präpositionen ein Verhältnis zu einer Person oder Sache aus: Sie wollen **nach** Spanien, weil Sie noch nicht **in** Spanien sind oder sind zufrieden, weil Sie gerade **aus** Spanien kommen. Sie müssen Ihr Buch mühevoll suchen, weil es nicht **auf**, sondern **unter** dem Tisch liegt. Und so weiter, und so weiter. Im Spanischen ist das im Prinzip nicht viel anders als im Deutschen. Allerdings steckt der Teufel – wie immer – im Detail.

1. Präpositionen bei Ortsangaben: *en, a, de, por*

Bei Ortsangaben ist die Sache bekanntlich so: Entweder man ist irgendwo, oder man will/ begibt sich dahin oder aber man kommt daher. Dem entsprechen die drei Präpositionen *en*, *a* und *de*:

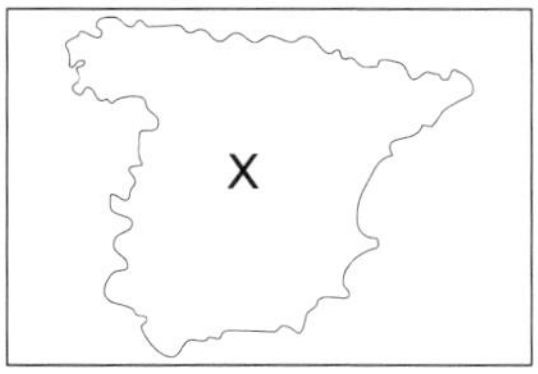

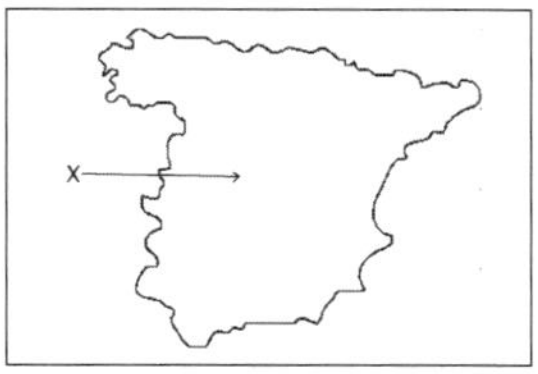

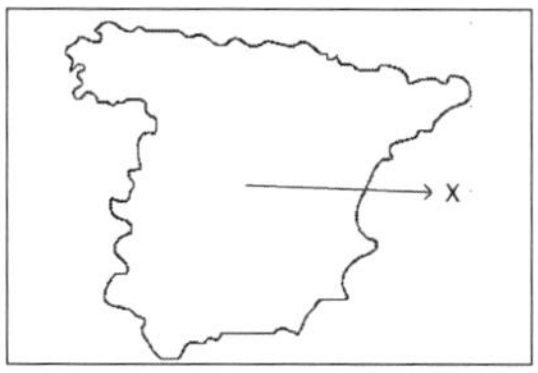

Vivo ***en*** *España .*
Ich lebe **in** Spanien.

Voy ***a*** *España.*
Ich reise/fahre **nach** Spanien.

Soy ***de*** *España.*
Ich bin **aus** Spanien.

Wenn Sie also ausdrücken möchten, dass Sie irgendwo sind («wo?»), steht ***en***. Wenn Sie sich in die entsprechende Richtung bewegen («wohin?»), müssen Sie ***a*** setzen. Und wenn Sie irgendwoher kommen («woher?»), drücken Sie diese Tatsache mit Hilfe der Präposition ***de*** aus. Das gilt nicht nur für Länder, sondern auch für Städte, Regionen, Landschaften etc.:

Vivo ***en*** *Madrid.* — Ich lebe **in** Madrid.
Voy ***a*** *Galicia.* — Ich fahre/reise **nach** Galizien.
Soy ***de*** *Andalucía.* — Ich bin **aus** Andalusien.

«Von ... nach», aber auch «von ... bis» wird im Spanischen in der Regel mit *de ... a* wiedergegeben:

Hoy viajo ***de*** *Granada* ***a*** *Madrid.*
Heute reise ich **von** Granada **nach** Madrid.

In allen diesen Fällen ist der Gebrauch unserer drei Präpositionen glasklar und leicht zu durchschauen.

Wenn Sie eine **ungefähre Ortsangabe** machen wollen, können Sie meistens *por* setzen.

¿Hay un banco ***por*** *aquí?*
Gibt es hier (in der Gegend) irgendwo eine Bank?

Die Präposition ***por*** steht auch bei Ortsangaben, die in Zusammenhang mit einer Bewegung gemacht werden:

Kristina pasa ***por*** *el banco.*
(etwa:) Kristina geht kurz zur Bank / bei der Bank vorbei.

So wäre eine Reise **durch** Spanien *un viaje por España,* und wenn man sagen will, dass man **über** Barcelona fährt, steht ebenfalls *por.* «Autobahn fahren» heißt logischerweise *ir por la autopista.*

2. Grundsätzliches über die spanischen Präpositionen: Nicht immer so logisch

Leider ist der Gebrauch nicht immer so logisch und klar wie in den Beispielen oben. Außerdem kann ein und dieselbe Präposition ganz unterschiedliche Bedeutungen haben, sodass «simples Vokabellernen» (ohne Berücksichtigung des Sinnzusammenhangs) wenig hilfreich ist. Sehen wir uns dazu ein paar Beispiele mit der Präposition *a* an:

Kristina saluda ***a*** *unos amigos.* — Kristina grüßt/begrüßt einige Freunde.
El libro no gusta ***a*** *Kristina.* — Das Buch gefällt Kristina nicht.

Los estudiantes comen ***a*** *las 2 de la tarde.*
Die Studenten essen **um** 2 Uhr nachmittags.

El banco está ***a*** *la derecha.* — Die Bank liegt **auf** der rechten Seite.

Im ersten Beispiel schließt die Präposition *a* ein direktes («wen?»), im zweiten ein indirektes Personenobjekt («wem?») an. Sie wird in beiden Fällen nicht übersetzt (vgl. SLE 11).

Im dritten Beispiel steht *a* in einer Zeitangabe und bedeutet im Deutschen «um»[1]. Im letzten Satz leitet die Präposition *a* eine Ortsangabe ein. Diesem *a* entspricht im Deutschen «auf». Und damit sind noch längst nicht alle Möglichkeiten erschöpft.

Ein besonderes Kapitel sind die **Präpositionen im Verb-Anschluss**. Hinter manchen Verben muss nämlich eine Präposition stehen, wenn ein weiteres Verb im Infinitiv folgen soll:

Kristina aprende ***a*** *jugar al tenis.* — Kristina lernt Tennis spielen.

Dem Ausdruck «lernen, etwas zu tun» entspricht im Spanischen die Folge *aprender* ***a*** *hacer algo*. Und wenn man ein Spiel spielt oder eine Sportart betreibt, steht zwischen dem Verb

1 Mehr dazu in SLE 13

jugar («spielen») und dem betreffenden Spiel oder der Sportart ebenfalls die Präposition *a*. Das gilt auch für andere Ausdrücke:

Kristina no tiene ganas ***de*** *trabajar hoy.*
Kristina hat heute keine Lust zu arbeiten.

Der Ausdruck «Lust haben, etwas zu tun» wird mit *tener ganas* ***de*** *hacer algo* wiedergegeben: Auf das Verb *tener* folgt zunächst das Substantiv *la gana* («der Wunsch», «die Lust») im Plural und ohne Artikel, da es sich um einen festen Ausdruck handelt. Dann kommt – unvermeidlich – die Präposition *de* und schließlich die Tätigkeit, zu der man Lust hat (oder auch nicht) im Infinitiv.

Dieses Problem ist übrigens leicht zu lösen: Sie lernen das Verb bzw. den kompletten Ausdruck einschließlich Präposition, also *aprender* ***a*** *hacer algo* («lernen, etwas zu tun»), *tener ganas* ***de*** *hacer algo* («Lust haben, etwas zu tun») oder *jugar* ***al*** *tenis / al fútbol* («Tennis/Fußball spielen»). Mehr dazu in Band II.

3. Faustregeln zum Gebrauch einiger Präpositionen

Doch zurück zum «Standardgebrauch» von Präpositionen im Satz. Manches lässt sich hier nämlich doch in grobe Regeln fassen, sodass wir Ihnen ungefähre Orientierungshilfen bieten können.

3.1. Präpositionen bei Zeitenangaben[2]

Der Zeitraum vor oder nach einem Geschehen beziehungsweise Zeitpunkt wird durch ***antes de*** bzw. ***después de*** ausgedrückt.

Kristina come siempre ***antes de*** *las dos.* — Kristina isst immer **vor** zwei.

En España, mucha gente come ***después del*** *Telediario.*
In Spanien essen viele Leute **nach** dem «Telediario» (bekannte Nachrichtensendung).

Diese beiden Präpositionen bestehen also, anders als im Deutschen, aus jeweils zwei Elementen: *antes de, después de*. Wenn dieses *de* auf den bestimmten Artikel *el* trifft, passiert das übliche: Beide verschmelzen zu *del* (vgl. SLE 3.1.).

Ebenfalls aus zwei Elementen besteht das spanische Gegenstück zu «seit»:

Kristina está en España ***desde hace*** *tres semanas.*
Kristina ist **seit** drei Wochen in Spanien.

Mit der Präposition *desde hace* können Sie ausdrücken, wie lange ein Geschehnis oder ein Zustand bereits andauert.

Das zweite Element *(hace)* kann auch für sich alleine stehen und drückt dann in Verbindung mit einer Zeitangabe aus, wie lange etwas her ist, wie weit ein Geschehen zurückliegt.

2 Zu den Uhrzeiten s. SLE 13.1.

Es entspricht also dem deutschen «vor» (etwa: «Kristina kam vor drei Wochen hier an»). Da in solchen Sätzen Vergangenheitszeiten stehen, gehen wir hier nicht weiter darauf ein.

Einen konkreten Zeitraum drücken Sie mit *en* aus:

> ***En** agosto Kristina está siempre en Alemania.*
> **Im** August hält sich Kristina immer in Deutschland auf.

Hier liegt der Heimataufenthalt eindeutig innerhalb der 31 Tage, die den Monat August bilden.

3.2. Die Präpositionen *por* und *para*: Verwechslungsgefahr

Die Präpositionen *por* und *para* werden oft miteinander verwechselt, zumal beide im Deutschen «für» bedeuten können. Daher hier ein paar Tipps:

Oft gibt ***por*** einen Grund oder eine Ursache an. Die dazugehörige Frage lautet *¿por qué?* («warum?», vgl. SLE 6.1.):

> *¿**Por qué** no sales? – **Por** la lluvia.*
> Warum gehst du nicht aus? – Wegen des Regens.

Entsprechend heißt «deshalb» *por eso*.

Oft wird mit *por* auch ein «Mittel zum Zweck», ausgedrückt – ein Hilfsmittel, ein Instrument oder dergleichen, mit dessen Hilfe man etwas ausführt:

> *Kristina llama **por** teléfono.* — Kristina ruft an (wörtlich: ... ruft **per** Telefon).

Übermittlungsmedium für die durchzugebende Botschaft ist in unserem Beispiel das Telefon – folglich steht *por*. Dem Ausdruck «per Brief» entspricht *por carta*.

Schließlich werden mit *por* Preisangaben gemacht:

> *Kristina compra una blusa **por** 50 euros.*
> Kristina kauft eine Bluse **für** 50 Euro.

Und wenn ein feuriger spanischer Liebhaber Kristina in einer lauen Sommernacht ins Ohr flüstert, er würde alles für sie tun, setzt er ebenfalls die Präposition *por*:

> *Yo haría*[3] *todo **por** ti.* — Ich würde alles **für** dich tun.

Denn der Grund für alles, was er zu tun gedenkt, ist die von ihm angebetete Kristina. Und wenn er dann wirklich die Leiter nimmt, um für sie die Sterne vom Firmament zu pflücken, ist der Grund für diese Aktion kein anderer als ihre Existenz.

Dagegen drückt ***para*** meist einen Zweck, eine Bestimmung oder eine Absicht aus:

> *Tengo un paquete **para** Kristina Becker.*
> Ich habe ein Paket **für** Kristina Becker.

---

3 Die Formen von *hacer*, «tun», «machen» finden Sie in der Zusatz SLE «Verben», das Verb steht hier im Konditional.

Auch hier steht im deutschen Satz «für», in seiner spanischen Entsprechung jedoch *para* – kein Wunder, denn Kristina ist ja nicht der Grund für das Paket. Sie ist vielmehr die Empfängerin, das Paket ist für sie bestimmt. Dem entspricht die Präposition *para*.

*Kristina necesita este libro **para** su trabajo.*
Kristina braucht dieses Buch **für** ihre Arbeit.

Der Zweck des Buches ist die Hilfe bei der Arbeit. Wieder steht *para,* genau wie im folgenden Fall:

*Kristina toma el tren **para** Madrid.* — Kristina nimmt den Zug **nach** Madrid.

Bestimmungsort, also Ziel des Zuges, ist Madrid, weswegen «nach» mit *para* wiedergegeben wird.

Oft folgt statt des Substantivs auch ein Infinitiv:

*Aprendo español **para** hablar con la gente.*
Ich lerne Spanisch, **um** mit den Leuten **zu** sprechen.

Dazu später mehr.

3.3. Mehr über die Präposition *de:* oft in zusammengesetzten Substantiven

Oft steht die Präposition ***de*** in Verbindung mit Substantiven:

*No uso la máquina **de** escribir porque tengo un computador.*
Ich benutze die Schreibmaschine nicht, weil ich einen Computer habe.

Zusammengesetzte Substantive, die wir im Deutschen einfach zusammen schreiben («Schreib-Maschine»), werden im Spanischen sehr oft mit *de* verbunden *(máquina **de** escribir*).

4. Ländernamen und -adjektive: zwei Begriffe für vier Funktionen

Zur Bezeichnung eines Landes, seiner Einwohner und (falls vorhanden) seiner Sprache benötigen Sie nur zwei Begriffe: die Bezeichnung für das Land und das entsprechende Adjektiv (mit dem Sie alle möglichen Begriffe – hier eine Universität – national zuordnen können):

*Soy **alemán/alemana**. Vivo en **Alemania**. Hablo **alemán**.*
Ich bin **Deutsche/r**. Ich lebe in **Deutschland**. Ich spreche **Deutsch**.

*Estudio en una universidad **alemana**.*
Ich studiere an einer **deutschen** Universität.

Hier haben Sie (für Deutschland) alles zusammen: Zunächst die Einwohner, dann das Land, die Sprache und zu guter Letzt das Nationalitätsadjektiv.

Mit inzwischen geschultem Blick haben Sie aber sofort erkannt, dass dazu nur zwei Bezeichnungen erforderlich sind: die für das Land (*Alemania*) und die für das Adjektiv (*alemán/alemana*). Denn Letzteres bezeichnet auch die Sprache und die Einwohner. Wer dies im Hinterkopf behält, spart eine Menge Lernarbeit. Für Spanien und England lauten die entsprechenden Beispiele:

Antonio es ***español****. Vive en* ***España****. Habla* ***español****.*
Estudia en una universidad ***española****.*

Jennifer es ***inglesa****. Vive en* ***Inglaterra****. Habla* ***inglés****.*
Estudia en una universidad ***inglesa.***

Wieder kommt man also mit zwei Wörtern aus: dem Wort für das Land (*España, Inglaterra*) und dem dazugehörigen Adjektiv (*español/española* und *inglés/inglesa*).

Übung

Ergänzen Sie bitte die Präpositionen.

1. *¿De dónde es Vd.? — Soy __ Sevilla.*
2. *¿Adónde vas? — Voy __ casa.*
3. *____ ir__ Granada se pasa ____ Córdoba. Quiero ir __ Granada. Tengo unos amigos___ esta ciudad.*
4. *Tienes que pasar ___ el supermercado ____ comprar algunas cosas.*
5. *Isabel vive __ Barcelona ______seis meses.*
6. *¿Hay un buen restaurante ___ aquí? – Sí, hay un restaurante __ esta calle, __la derecha.*
7. *Kristina compra una blusa ______ 40 euros.*
8. *___________ desayuno, Kristina va a la universidad. Vuelve ________ la tarde.*

■ SLE 13: 1. Uhrzeit 2. Datum

1. Uhrzeit: mit *ser*

Die Uhrzeit wird im Spanischen mit *ser* angegeben:

¿Qué hora es? – Son las ocho. — Wie viel Uhr ist es? – Es ist acht (Uhr).

Das Wort «Uhr» kommt dabei nicht vor, denn *la hora* bedeutet eigentlich «die Stunde». In der Antwort steht nur die Zahl (*Son las ocho.*), das Wort *hora* wird normalerweise nicht wiederholt.

Natürlich können Sie auch fragen, wann (um wie viel Uhr) irgendetwas stattfindet. In diesem Fall verwenden Sie die Präposition *a*:

*¿**A qué hora** sale el tren? – Sale **a** las tres y diez.*
Um wie viel Uhr fährt der Zug ab? – Er geht **um** zehn nach drei.

Sie entspricht dann dem deutschen «um».

Sehen wir uns nun die spanischen Uhrzeiten etwas genauer an. Wenn Sie dabei zufällig das französische System im Hinterkopf haben, wäre das ganz hilfreich.

*Son las **tres y cinco**. Son las **tres y cuarto**.*
Es ist **fünf nach drei**. Es ist **viertel nach drei**.

*Son las **tres y media**. Son las **cuatro menos diez**.*
Es ist **halb vier**. Es ist **zehn vor vier**.

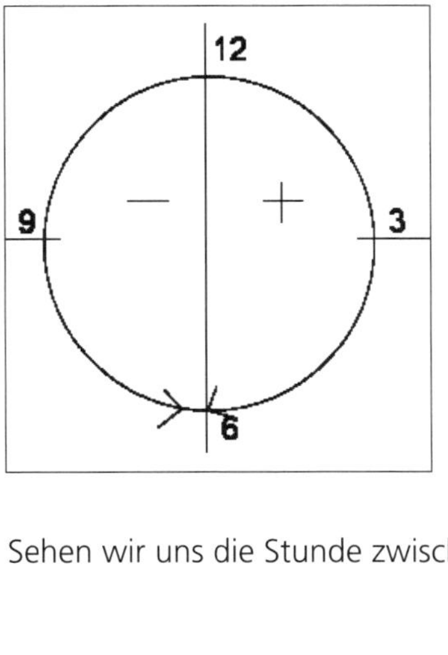

Stellen Sie sich das Zifferblatt einer (Analog-) Uhr in der Mitte geteilt vor.
Bis zur Hälfte, also bis zur halben Stunde (einschließlich), rechnen Sie auf die «alte volle Stunde» drauf. «Halb vier» ist im Spanischen also «drei und eine halbe (Stunde)». Von da an rechnen Sie von der nächsten vollen Stunde ab. «Viertel vor vier» ist demnach «vier weniger (ein) Viertel».

Sehen wir uns die Stunde zwischen zwei und drei Uhr einmal genauer an:

Son las dos.

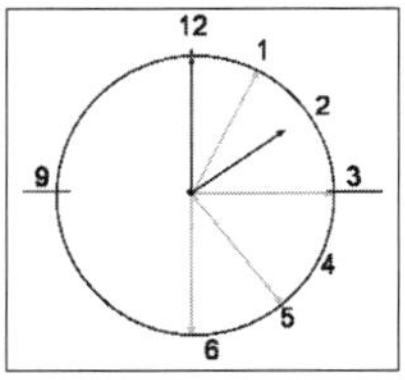

Son las dos ***y cinco.***
y cuarto.
y veinticinco.
y media.

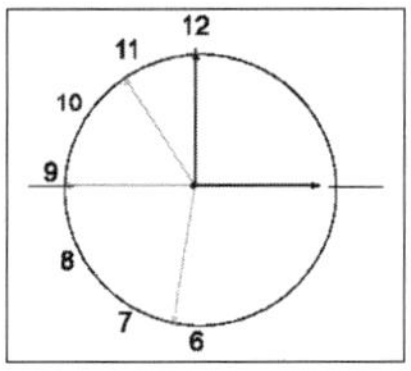

Son las tres ***menos veintiocho.***
menos cuarto.
menos seis.
Son las tres.

Sie sehen: Zwischen zwei und halb drei wird hinzugerechnet (deutlich erkennbar an dem *y)*, nach halb drei abgerechnet (wiederum deutlich zu sehen an dem *menos*, zu Deutsch bekanntlich «weniger»). Für die Viertelstunde steht ***cuarto*** (bitte nicht mit *cuatro*, «vier», verwechseln), für die halbe Stunde *media*.

Was es im Spanischen nicht gibt (und Sie deshalb auch nicht auszudrücken versuchen sollten!) sind Angaben wie «fünf vor halb» oder «fünf nach halb». Stattdessen müssen Sie (wie oben gezeigt) fünfundzwanzig hinzuzählen oder abrechnen.

Die Eins tanzt ein wenig aus der Reihe. Da sie logischerweise eine Einzahl darstellt, steht statt *son* die Singularform *es*:

***Es** la una. **Es** la una y cuarto.* — Es ist ein Uhr. Es ist viertel nach eins.

Für 12 Uhr kann man statt der Zahl *doce* auch das entsprechende Wort (*el mediodía* = «Mittag» bzw. *la medianoche* = «Mitternacht») setzen.

Ungefähre Zeitangaben können Sie mit *hacia, alrededor de* oder *más o menos* machen:

*Kristina llega **hacia las dos / alrededor de las dos / más o menos a las dos**.*
Kristina kommt gegen / ungefähr um zwei an.

Auch für «kurz nach» oder «kurz vor» gibt es ein spanisches Gegenstück:

*Son las cinco **y pico / menos pico**.* — Es ist kurz nach/vor fünf.

Und wenn es **genau** 5 Uhr ist, sagt man ***en punto***. Da diese in der Alltagssprache üblichen Zeitangaben nicht immer eindeutig sind (bedeutet «acht Uhr» nun «acht Uhr morgens» oder «... abends»), ergänzen auch die Spanier im Zweifelsfall die Tageszeit:

*Son las ocho **de la mañana / de la noche**.*
Es ist acht Uhr morgens/abends (wörtlich: nachts).

*Son las cuatro **de la tarde**.* — Es ist vier Uhr **nachmittags**.

Neben diesen allseits gebräuchlichen Zeitangaben gibt es natürlich auch die «offiziellen» – für Zeitansagen, Bahnfahrpläne usw. Sie funktionieren im Grunde wie im Deutschen:

Son las cinco horas cuarenta (minutos). — Es ist fünf Uhr vierzig.
Son las dieciséis horas cincuenta y dos. — Es ist sechzehn Uhr zweiundfünfzig.

Stunde und Minute werden einfach hintereinander gestellt, und man verwendet das Wort *hora*(*s*). Bei den Stunden rechnet man jetzt natürlich von 0 bis 24, bei den Minuten von 1 bis 59. Die Begriffe für «Viertel-» und «halbe Stunde» kommen ebenso wenig vor wie «Mittag» oder «Mitternacht». Zur besseren Verdeutlichung kann noch das Wort *minutos* hinzugesetzt werden.

Übrigens: Für die Uhr, die Sie am Handgelenk tragen oder auf Ihrem Schreibtisch stehen haben, können Sie das Wort *hora* nicht verwenden. Die entsprechende Vokabel ist *el reloj*, «der Wecker» bedeutet *el despertador*.

2. Datumsangaben: meistens werden die Grundzahlen verwendet.

2.1. Frage nach dem Datum

Für die Frage nach dem Datum gibt es mehrere Möglichkeiten:

***¿Qué fecha es** hoy? – **Es el** dos de enero.*
Welches Datum haben wir (wörtlich: ist) heute? – Es ist der zweite Januar.

Auch hier wird «sein» also mit *ser* wiedergegeben. Auffällig ist dabei, dass im Spanischen eine **Grundzahl** und nicht, wie im Deutschen, eine Ordnungszahl steht, in unserem Beispiel *dos*. Zwischen Tag und Monat kommt die Präposition *de* (*... el dos de enero*). Dasselbe gilt, wenn noch eine Jahreszahl folgt:

*¿Qué día es hoy? – Es el veinticuatro de enero **de** 2001.*
Welchen Tag haben wir (wörtlich: ist) heute? – Es ist der 24.1.2001.

In Ziffern wird dieses Datum übrigens ***24-1-2001*** geschrieben: Anstelle von Punkten stehen im Spanischen Striche.

Wenn es sich um den Ersten eines Monats handelt, kann auch die Ordnungszahl stehen (muss aber nicht):

*Es el uno/**primero**[1] de noviembre.* — Es ist der erste November.

Es gibt beim Datum übrigens auch eine Variante mit *estar:*

***¿A cuántos estamos** hoy? – **Estamos a** siete de junio.*
Den Wievielten haben wir heute? – Wir haben den siebten Juni.

Hier enthalten Frage und Antwort die Präposition *a*.

1 Mehr zu den Ordnungszahlen in SLE 20

2.2. Wochentage, Monate, Jahreszeiten

Hier der Vollständigkeit halber die Wochentage (*la semana*, die Woche), die Monatsnamen (*el mes*, der Monat) und die Jahreszeiten *(la estación).*

Die Wochentage sind allesamt maskulin. Wenn es um einen bestimmten Tag geht, beispielsweise den nächsten oder letzten, steht der bestimmte Artikel:

El domingo *Kristina va a una fiesta.* — Am Sonntag geht Kristina auf eine Fete.

Soll dagegen von einer regelmäßigen Wiederholung an einem Wochentag die Rede sein (z.B. «samstags», d.h. «jeden Samstag»), steht dieser bestimmte Artikel im Plural:

Los sábados *Kristina no va a la universidad.*
Samstags geht/fährt Kristina nicht zur Uni.

Hier die gewohnte Übersicht:

Wochentage	
lunes	Montag
martes	Dienstag
miércoles	Mittwoch
jueves	Donnerstag
viernes	Freitag
sábado	Samstag
domingo	Sonntag

Monate	
enero	Januar
febrero	Februar
marzo	März
abril	April
mayo	Mai
junio	Juni
julio	Juli
agosto	August
se(p)tiembre	September
octubre	Oktober
noviembre	November
diciembre	Dezember

Auch die Monate sind maskulin, bei den Jahreszeiten macht lediglich der Frühling eine Ausnahme (la primavera):

Jahreszeiten	
la *primavera*	Frühling
el verano	Sommer
el otoño	Herbst
el invierno	Winter

Übungen

A. Schreiben Sie bitte die folgenden Uhrzeiten aus:

7: 14 ______________________________

10: 45 ______________________________

1: 15 ______________________________

9: 30 ______________________________

3: 32 ______________________________

5: 17 ______________________________

9: 29 ______________________________

1: 45 ______________________________

11: 02 ______________________________

4: 15 ______________________________

B. Und hier noch einige Datumsangaben:

11-12-1991 ______________________________

2-3-1988 ______________________________

1-6-1995 ______________________________

10-8-1812 ______________________________

■ SLE 14: 1. Unbetonte Possessivbegleiter
2. Die Verben *ir* und *tener*

1. Unbetonte Possessivbegleiter

1.1. Was Sie (bestimmt) schon wissen: Besitzanzeige.

Wenn Sie den Namen Ihrer charmanten Gesprächspartnerin oder Ihres amüsanten Gesprächspartners in Erfahrung bringen möchten, können Sie natürlich statt «Wie heißen Sie?» auch «Wie ist dein/Ihr Name?» fragen. Der Satz enthält dann einen **Possessivbegleiter** («dein/Ihr Name»).

Warum wir an dieser Stelle wieder von «Begleiter» sprechen statt – wie Sie es vielleicht kennen – von Possessivpronomen? Wenn Sie den Begriff «Possessivpronomen» einmal ins Deutsche übersetzen, kommt «besitzanzeigendes Fürwort» dabei heraus. Ein «Fürwort» steht, wie der Name schon sagt, für etwas. Sage ich aber: «Das ist mein Auto», dann steht dieses Wörtchen «mein» nicht für etwas – es ist vielmehr ein Zusatz, der den Besitzer (mich selbst) bezeichnet oder eine Zugehörigkeit nennt. Von einem **Possessivpronomen** kann erst die Rede sein, wenn ich das Substantiv weglasse: «Das hier ist nicht dein Auto, sondern **meins**!» Jetzt steht «meins» für «mein Auto», ist also wirklich ein Fürwort oder Pronomen, eben ein Possessivpronomen.

Im Spanischen ist das im Prinzip nicht viel anders: Es gibt Possessivbegleiter und Possessivpronomen. Die Begleiter existieren allerdings in zwei «Ausführungen»: als **betonte** und als **unbetonte Possessivbegleiter**. Mit Elementen, die einen Besitz oder eine Zugehörigkeit bezeichnen, sind die Spanier also – wie Sie sehen – recht gut sortiert. Aber alles zu seiner Zeit: Wir beschäftigen uns zunächst mit den unbetonten Possessivbegleitern (zu den betonten Possessivbegleitern und den Possessivpronomen siehe SLE 17).

1.2. Unbetonte Possessivbegleiter für Personen in der Einzahl

Die Frage nach dem Namen lautet auf Spanisch:

*¿Cuál es **su** nombre? – **Mi** nombre es Carmen Hernández.*
Wie (eigentl.: welcher) ist **Ihr** Name? – **Mein** Name ist Carmen Hernández.

Die spanischen unbetonten Possessivbegleiter verhalten sich im Prinzip wie ihre deutschen Gegenstücke: Sie stehen vor dem dazugehörigen Substantiv und passen sich ihm an («mein Auto», «deine Mikrowelle», «unsere Badewanne»), werden also **angeglichen**. Darüber hinaus hat jede Person natürlich (im Prinzip) ihre eigene Form («ich ⇨ mein/e», «du ⇨ dein/e» etc.).

Sehen wir uns zuerst die unbetonten Possessivbegleiter zu den drei Einzahlpersonen («ich», «du», «er/sie/es») an. Hier müssen Sie beim Angleichen nur zwischen Singular und Plural unterscheiden:

Person	♂	♀	♂♂	♀♀	
(yo)	***mi*** *amigo*	***mi*** *amiga*	***mis*** *amigos*	***mis*** *amigas*	mein/e
(tú)	***tu*** *amigo*	***tu*** *amiga*	***tus*** *amigos*	***tus*** *amigas*	dein/e
(él/ella/ Vd.)	***su*** *amigo*	***su*** *amiga*	***sus*** *amigos*	***sus*** *amigas*	sein/e ihr/e, Ihr/e

Die **dritte Person** ist nicht ganz frei von Tücken. Im Deutschen richtet sich das Possessivpronomen hier nämlich auch nach dem Besitzer:

Ramón nimmt **sein** Auto. ⇨ Pilar nimmt **ihr** Auto.

Im Spanischen gibt es dagegen nur jeweils eine Form, *su* für den Singular und *sus* für den Plural. Die entsprechenden Sätze lauten also:

Ramón coge ***su*** *coche.* ⇨ *Pilar coge* ***su*** *coche.*

Da in beiden Sätzen nur von einem einzigen Auto die Rede ist, heißt es jedes Mal *su* – unabhängig davon, ob sich eine Frau oder ein Mann ins eigene Auto schwingt.

1.3. Unbetonte Possessivbegleiter für die Personen in der Mehrzahl

Bei den unbetonten Possessivbegleitern für die ersten beiden Plural-Personen («wir» und «ihr») müssen Sie etwas genauer aufpassen. Hier gibt es nämlich jeweils eine männliche und eine weibliche Form – und zwar im Singular und im Plural:

Person	♂ ♂♂	♀ ♀♀	
(nosotros/ nosotras)	***nuestro*** *amigo* ***nuestros*** *amigos*	***nuestra*** *amiga* ***nuestras*** *amigas*	unser/e
(vosotros/ vosotras)	***vuestro*** *amigo* ***vuestros*** *amigos*	***vuestra*** *amiga* ***vuestras*** *amigas*	euer eure
(ellos/ellas/Vds.)	***su*** *amigo* ***sus*** *amigos*	***su*** *amiga* ***sus*** *amigas*	ihr/e Ihr/e

Die unbetonten Possessivbegleiter werden diesmal also in Geschlecht und Zahl angeglichen: Folgt ein männliches Substantiv, endet der Begleiter auf *-o*. Steht er vor einem weiblichen Substantiv, ist die Endung *-a*. Entsprechend die Pluralformen (wieder einmal) *-os* bzw. *-as*.

*¿Son vuestr**os** libr**os**? – Sí, son nuestr**os** libr**os**.*
Sind das euere Bücher? – Ja, es sind unsere Bücher.

Die Possessivbegleiter für die 3. Person Plural (*su*, *sus*) sind – wie Sie sehen – mit denen für die dritte Singular identisch. Das kann leicht zu Verwirrung und Missverständnissen führen. Ein Satz wie:

*¿Es **su** amiga?*

kann fünf Bedeutungen haben:

Ist das **seine** Freundin? (die von José)
Ist das **ihre** Freundin? (die von Pilar)
Ist das **ihre** Freundin? (die gemeinsame Freundin von José und Pilar)
Ist das **Ihre** Freundin, (Herr Meisegeier)?
Ist das **Ihre** Freundin, (Herr und Frau Knieriem)?

Was tatsächlich zutrifft, lässt sich nur aus dem Zusammenhang erkennen.

Da das auch den Spaniern manchmal zu unklar wird, helfen sie sich, indem sie beispielsweise die Präposition *de* und ein Personalpronomen bzw. den Namen setzen: *Es **su** amiga **de él*** (also «seine Freundin»). Oder sie verkneifen sich das Possessivpronomen ganz und umschreiben: *Es **la** amiga **de Pilar*** («die Freundin von Pilar» statt «ihre Freundin»).

2. Die Verben *tener* und *ir*

2.1. *Ir*: «gehen», «fahren» und manches andere

Bei dem Verb ***ir*** gehören Infinitiv und Präsensformen auf den ersten Blick nicht zueinander, weil *ir* aus verschiedenen lateinischen Verben entstanden ist:

	ir
yo	***voy***
tú	***vas***
el/ella/Vd.	*va*
nosotros/nosotras	*vamos*
vosotros/vosotras	*v**a**is*
ellos/ellas/Vds.	*van*

Immerhin ist ein Zusammenhang zwischen den verschiedenen Präsensformen zu erkennen. Am stärksten weicht die Ichform (*voy*) ab, und in der 2. Person Plural fehlt der Akzent, der bei den regelmäßigen Verben sonst immer auftaucht.

Mit Hilfe der Präposition *en* können Sie das Verkehrsmittel nennen, mit dem sich jemand fortbewegt: *ir en tren*, «mit dem Zug fahren», *ir en coche*, «mit dem Auto fahren», *ir en bicicleta*, «Rad fahren».

2.2. *Tener*: «haben», «besitzen» und anderes mehr

Das Verb *tener* kennen Sie seit Beginn Ihres Kurses. Hier seine Präsensformen:

	tener
yo	*ten**go***
tú	***tie**nes*
el/ella/Vd.	***tie**ne*
nosotros/nosotras	*tenemos*
vosotros/vosotras	*tenéis*
ellos/ellas/Vds.	***tie**nen*

Wie bei vielen anderen Verben ist im Präsens die Ichform unregelmäßig (*tengo*). Den Lautwechsel von *e* zu *ie* in den beiden übrigen Singularformen kennen Sie von zahlreichen weiteren Verben her, die ansonsten regelmäßig sind (vgl. SLE 9).

Übungen

A. Was heißt ...

1. meine Freundin: ____________________
2. unser Freund: ____________________
3. deine Freundinnen: ____________________
4. unser Chef: *[el jefe]* ____________________
5. eure Chefs: ____________________
6. ihr Freund: ____________________
7. Ihre Freundin: ____________________
8. unsere Freundin: ____________________
9. euere Freundinnen: ____________________
10. Ihr Chef: ____________________
11. dein Chef: ____________________
12. mein Chef: ____________________

B. Ergänzen Sie bitte den jeweiligen Possessivbegleiter:

1. ¿Cuál es __ nombre? —__ nombre es Juan.
2. ¿Es __ amigo, señor? — No, no es __ amigo.
3. ¿Cómo se llaman ___ amigas? — Se llaman Carmen e Isabel.
4. Ese señor es __ amigo. —¿Cuál es __ nombre? — ____ nombre es Francisco.
5. ¿Y cuáles son ___ apellidos?

■ SLE15: 1. Notwendigkeiten und Verpflichtungen
2. Erlaubnisse und Verbote
3. Zulassen und veranlassen

Mit diesen Ausdrücken schlagen sich Spanischlernende oft herum, weil sie zum Teil stark vom deutschen Sprachgebrauch abweichen oder weil ein und dasselbe deutsche Verb im Spanischen auf verschiedene Art und Weise ausgedrückt werden muss. Mit dieser Selbstlerneinheit wollen wir versuchen, etwas Ordnung in das Durcheinander zu bringen.

1. Notwendigkeiten und Verpflichtungen: Ausdrücke für «müssen», «sollen» und «(nicht) brauchen»

Was Sie schon kennen: das Verb *tener.*

Das Verb *tener* für «haben», «besitzen» kennen Sie inzwischen:

*Ana **tiene** un coche nuevo.* — Ana hat/besitzt ein neues Auto.

Hier zur Erinnerung noch einmal seine Präsensformen:

yo	*ten**go***
tu	*t**ie**nes*
él/ella/Vd.	*t**ie**ne*
nosotros/as	*tenemos*
vosotros/as	*tenéis*
ellos/as/Vds.	*t**ie**nen*

Die Ichform ist – wie bei zahlreichen spanischen Verben – unregelmäßig. Außerdem verwandelt sich das e des Verbstammes in den übrigen stammbetonten Formen in ein *ie* (*t**e**nemos*, aber: *t**ie**nes*).

1.1. Ausdrücke für «müssen» und «sollen»

◆ ***Tener que (hacer algo)*: der häufigste Ausdruck für «müssen»**
Wenn ich auf eine Form von *tener* anstelle des direkten Objektes (*Ana tiene* ***un coche***) ein *que* mit einem zweiten Verb im Infinitiv folgen lasse, bedeutet dieser Ausdruck «etwas tun müssen»:

*Hoy no puedo ir de compras, **tengo que trabajar.***
Heute kann ich nicht einkaufen gehen, ich muss arbeiten.

Dabei kann es sich um eine selbst auferlegte Verpflichtung handeln, aber auch um einen äußeren Zwang:

Para aprobar ***tiene Vd. que estudiar más.***
Um die Prüfung zu bestehen, müssen Sie mehr lernen.

So ist das Leben nun einmal: Ohne Fleiß keinen Preis. Dieser (äußere) Umstand zwingt hier zu verschärfter Lernarbeit.

◆ *Hay que (hacer algo)*: die unpersönliche Variante

Auch den zweiten Ausdruck haben Sie bereits in anderer Bedeutung kennen gelernt:

*¿**Hay** un banco por aquí?* — **Gibt** es hier (irgendwo) eine Bank?

Dieses *hay* ist eine Sonderform von *haber* und bedeutet mit einem Substantiv als direktem Objekt im Gefolge «(da) gibt es», «es ist vorhanden» etc. ...

Wieder ändert sich die Bedeutung zu «müssen», wenn statt eines direkten Objektes *que* + Infinitiv folgen.

***Hay que** pagar impuestos.* — **Man muss** Steuern zahlen.

Sie sehen: Dieser Ausdruck ist unpersönlich («man muss», «es ist [unbedingt] erforderlich» etc.). Er drückt eine Notwendigkeit aus, die sich nicht auf eine bestimmte Person bezieht, sondern ganz allgemein, das heißt für alle gilt.

◆ *Deber (hacer algo)*: «müssen», aber auch «sollen»

Das Verb *deber* entspricht noch am ehesten seinem deutschen Gegenstück.

*Un amigo está enfermo. **Debo** ir a verle.*
Ein Freund ist krank. Ich **muss** ihn besuchen. / Ich **sollte** ihn besuchen.

Das Verb *deber* drückt oft eine persönliche, moralische Verpflichtung aus (nach dem Motto: Ich bin kein anständiger Mensch, wenn ich den Freund jetzt nicht besuchen gehe). Es steht auch oft für ein deutsches «sollen».

Darüber hinaus hat *deber* eine weitere Bedeutung, die die beiden anderen Ausdrücke nicht übernehmen können:

*El banco **debe de** estar por aquí.* — Die Bank **muss** hier irgendwo sein.

Dieses «müssen» hat mit Zwang oder moralischer Verpflichtung nichts zu tun. Hier geht es um (begründete) Vermutungen und logische Zusammenhänge: Es muss in dieser Gegend einfach eine Bank sein, d.h.: Ich bin fest davon überzeugt, dass eine Bank vorhanden ist. Zwischen die Form von *deber* und das zweite Verb im Infinitiv tritt dann noch die Präposition *de*.

◆ **Wenn Sie etwas benötigen: *necesitar algo***

Wenn Sie mitteilen möchten, dass Sie etwas brauchen (benötigen), können Sie das Verb *necesitar* mit direktem Objekt setzen:

> ***Necesito** dos fotografías para el pasaporte.*
> Ich **brauche** (benötige) zwei Photos für den Pass.

2. Erlaubnisse und Verbote: «nicht brauchen» und «(nicht) dürfen»

2.1. «Nicht brauchen», «nicht benötigen»: dieselben Ausdrücke verneint

Natürlich lassen sich alle diese Ausdrücke in der üblichen Weise verneinen (indem ich ein *no* vor das Verb setze). Dann können sie ausdrücken, dass man etwas nicht zu tun braucht, dass es also erlaubt ist, etwas nicht zu tun:

> *Voy al cine porque **no tengo que** trabajar hoy.*
> Ich gehe ins Kino, weil ich heute **nicht** zu arbeiten **brauche**
> (d.h. ich bin heute nicht verpflichtet zu arbeiten).
>
> ***No necesito** estas fotos.*
> Ich **brauche/benötige** diese Photos **nicht**.

2.2. «Nicht dürfen»: die Ausdrücke für «müssen» verneint

Dieselben Ausdrücke für «müssen» (*tener que, hay que und deber*) können aber, wenn sie verneint sind, auch «nicht dürfen» bedeuten:

> *Los empleados **no tienen que** fumar en la cantina.*
> Die Angestellten **dürfen** in der Kantine **nicht** rauchen.

Welche Bedeutung («nicht brauchen» oder «nicht dürfen») im Einzelfall zutrifft, lässt sich nur aus dem Zusammenhang erkennen.

2.3. Verneinter Infinitiv: Verbote in Kurzform

Für Schilder, Transparente und sonstige Aufschriften gibt es darüber hinaus noch eine Kurzform:

> *No fumar.* — (etwa:) Rauchen verboten!

Sie besteht lediglich aus einem verneinten Infinitiv.

2.4. Erlaubnisse und Verbote mit *poder*: bejaht erlaubt, verneint untersagt

Wenn Sie in Erfahrung bringen möchten, ob Sie etwas dürfen, können Sie das Verb *poder* (eigentlich «können») verwenden:

*¿**Podemos** entrar? – Sí, claro, **pueden** entrar.*
Können (d.h. dürfen) wir eintreten? – Ja, natürlich, Sie können eintreten.

Wenn Ihr Gesprächspartner Sie nicht hereinlassen will, dann kann er dieses Verbot ebenfalls durch ein – diesmal verneintes – *poder* ausdrücken:

*Lo siento mucho, Vds. **no pueden** entrar.*
Tut mir ausgesprochen leid, Sie können/dürfen nicht eintreten.

3. Zulassen und veranlassen: verschiedene Verben für «lassen»

Das Verb «lassen» kann verschiedene Bedeutungen haben:

Ana lässt Luis nicht fernsehen. – Ana lässt den Fernseher reparieren.

Das erste «lassen» hat die Bedeutung «zulassen»: Hier erlaubt Ana ihrem Sohn nicht, sich vor dem Bildschirm niederzulassen. Ganz anders der zweite Satz: Ana ruft einen Elektriker an und beauftragt ihn, das defekte Gerät wieder in Ordnung zu bringen – sie veranlasst seine Reparatur. Diesen beiden Bedeutungen entsprechen im Spanischen unterschiedliche Verben:

*Ana no **deja** a Luis **ver** la televisión.*
Ana lässt Luis nicht fernsehen (= sie lässt es nicht zu).

Das spanische Verb für «(zu)lassen» ist ***dejar*** (*a alguien hacer algo*). Für «(veran)lassen» stehen ***hacer*** oder ***mandar*** mit einem zweiten Infinitiv:

*Ana **hace/manda** a un electricista reparar el televisor.*
Ana lässt einen Elektriker den Fernseher reparieren (= sie veranlasst, beauftragt).

Das Satzmuster lautet *hacer/mandar a alguien hacer algo*, entspricht also dem von *dejar*: Zuerst kommt bei beiden das Verb für «lassen» (*dejar* bzw. *hacer/mandar*), dann die Person, der man etwas zugesteht oder die man beauftragt (Luis bzw. der Elektriker) und schließlich das Verb für die zugelassene oder beauftragte Handlung (*ver* bzw. *reparar*), gegebenenfalls mit einer Ergänzung (*la televisión* bzw. *el televisor*). Zu diesem Satzmuster gibt es übrigens kleine Varianten, die Sie bei Interesse in einer Grammatik nachlesen können – hier nur das Grundprinzip.

Übung

Ergänzen Sie bitte den passenden Ausdruck: *deber (de); hay (que), necesitar, (no) poder, tener (que).*

A. *María y Enrique ________________ un piso grande. Para informarse ____________ llamar por teléfono a una agencia. Un poco más tarde* [später], *buscan el piso. ________________ estar cerca, pero no ________________ verlo* [es sehen]. *________________ preguntar* [fragen]. *________________ tomar la primera calle a la derecha* [die erste Straße rechts]. *La casa ________________ dos plantas* [Stockwerke]. *________________ que comprar una lavadora, porque ya ________________ una.*

B. *Luis __________ escribir muchas cartas porque ________ un trabajo. El director de una empresa* [Unternehmen] *escribe que __________ trabajar como respresentante* [Vertreter]. *No __________ un coche, pero __________ vestirse correctamente* [sich korrekt kleiden]. *__________ viajar mucho. No __________ estar con su familia todos los días. Luis cree que este trabajo __________ ser muy interesante para él.*

■ SLE 16: Das (*Pretérito perfecto*) *Compuesto*

Eine Bemerkung vorweg: Vergangenheitszeiten im Spanischen

Wenn Sie sich jetzt über die spanische Bezeichnung *Pretérito perfecto compuesto,* kurz *Compuesto*, ärgern und sich fragen, warum wir nicht einfach – wie sonst auch – einen deutschen Begriff (etwa: «Perfekt») verwenden, müssen wir Ihnen leider gestehen, dass das nicht ohne weiteres geht. Die spanischen Zeiten funktionieren nämlich teilweise nach einem anderen System als die deutschen, deutsche Begriffe wären also irreführend. Im Übrigen ist die Sache nicht allzu kompliziert, besonders, wenn Sie Ihre – hoffentlich nicht allzu eingerosteten – Englischkenntnisse reaktivieren.

Compuesto: immer zwei Elemente

Wie der Name schon sagt, handelt es sich um eine **zusammengesetzte Zeit** – denn *compuesto* bedeutet nichts anderes als «zusammengesetzt». Zum eigentlichen Verb tritt noch ein zweites Element:

Yo ***he tenido*** *suerte en el juego.* — Ich hatte Glück im Spiel.

He ganado *dos veces. Tengo 5.000 €.*
Ich habe zweimal gewonnen. Ich habe 5.000 €.

Die beiden fett gedruckten Verben bilden ein *Compuesto*. Wie Sie sicherlich bemerkt haben, sind sie einmal mit einem deutschen Präteritum wiedergegeben («... ich hatte Glück») und einmal mit einem Perfekt («... ich habe gewonnen»). Sie sehen – man kann ein spanisches *Compuesto* nicht immer mit einem deutschen Perfekt gleichsetzen, auch wenn seine äußere Form («ich habe ...», *he* «... gewonnen», *ganado*) das nahe legt.

1. Gebrauch des *Compuesto:* Gegenwartsbezug

Natürlich drückt das *Compuesto* eine **einfache Vergangenheit aus** – genau wie das deutsche Perfekt. Dabei hat es aber eine besondere Funktion:

He ganado *dos veces.* ***Tengo*** *5.000 €.*

Die Tatsache, dass unser Glückspilz jetzt 5.000 € verjubeln kann, ist darauf zurückzuführen, dass er sie vorher gewonnen hat. Zwischen dem Geschehen in der Vergangenheit und der Gegenwart besteht also ein Zusammenhang: ohne Gewinn kein Geld! Und in genau diesem Fall steht das vergangene Geschehen im *Pretérito perfecto compuesto*.

Compuesto ist immer dann angesagt, wenn ein vergangenes Ereignis einen Bezug zur Gegenwart hat und infolgedessen als nicht abgeschlossen gilt. Damit sind wir auch schon bei Ihren Englischkenntnissen: Das spanische *Compuesto* funktioniert praktisch genauso wie das (englische) «Present perfect»!

Hier ein weiteres Beispiel:

*Kristina **ha trabajado** mucho hoy. **Está** muy cansada.*
Kristina hat heute viel gearbeitet. Sie ist (daher) sehr müde.

Die Müdigkeit ist hier eine Folge vorheriger Schwerarbeit. Das vergangene Geschehen (die Arbeit) steht also in einer engen Beziehung zur Gegenwart (denn sie hat die jetzige Müdigkeit bewirkt). Folglich wird *Compuesto* gesetzt.

Logischerweise verbindet man das *Compuesto* oft mit Zeitangaben, die einen solchen Gegenwartsbezug beinhalten: *ahora, hoy, esta semana* und Ähnliche:

***Esta semana** he estado en Barcelona.*
Diese Woche bin ich in Barcelona gewesen.

Hier besteht der Gegenwartsbezug darin, dass die Woche noch nicht zu Ende ist, das Ereignis also noch frisch im Gedächtnis. Es wird deshalb als gegenwärtig empfunden (was nach einem Jahr sicherlich nicht mehr der Fall wäre).

Sie können das Verhältnis zwischen deutschem Perfekt und spanischem *Compuesto* ungefähr so auf den Punkt bringen: Ein *Compuesto* lässt sich fast immer mit einem deutschen Perfekt wiedergeben, aber nicht umgekehrt. Denn für ein Perfekt kann auch ein spanisches *Indefinido* (s. Band II) stehen.

2. Die Formen des *Compuesto:* Hilfsverb und Partizip

Ein *Compuesto* besteht, wie gesagt, aus zwei Elementen: einer Form des Verbs *haber* und dem eigentlichen Verb. Da das *haber* lediglich hilft, ein *Compuesto* zu bilden, nennt man es **Hilfsverb**. Es wird in die jeweilige Person gesetzt *([yo] he estado, [tú] has estado ...)*, das eigentliche Verb bleibt dafür unverändert. Die Form, in der es jetzt steht, nennt man **Partizip** (deutsch: «Mittelwort»):

***He estado** en Barcelona.*
Hilfsverb Partizip

Anders als beim deutschen Perfekt («ich habe gewonnen», aber «ich bin gewesen») kommen Sie erfreulicherweise mit einem einzigen Hilfsverb aus, eben *haber.* Hier seine Präsensformen:

	haber
yo	*he*
tú	*has*
él/ella/Vd.	*ha*
nosotros/nosotras	*hemos*
vosotros/vosotras	*habéis*
ellos/ellas/Vds.	*han*

Dieses «haben» können Sie übrigens nicht setzen, wenn Sie etwa mitteilen wollen, dass Sie ein schönes, rotes Auto haben (= besitzen). In diesem Fall heißt es nach wie vor *tener.*

Das eigentliche Verb steht – wie gesagt – im Partizip. Sie bilden es wie üblich durch Anhängen einer **Endung** an den **Verbstamm**:

Verbgruppe:	**Infinitiv:**	**Partizip:**		***Compuesto:***
Verben auf *-ar*:	*trabajar*	*trabaj*	***-ado***	*he trabajado*
Verben auf *-er*:	*comer*	*com*	***-ido***	*ha comido*
Verben auf *-ir*:	*vivir*	*viv*	***-ido***	*he vivido*
	sentir	*sent*	***-ido***	*habéis sentido*

Die Partizipendungen unterscheiden sich nur geringfügig: *-ado* bei den Verben auf *-ar, -ido* alle anderen (regelmäßigen). Die Verben mit Lautveränderung bleiben im Stamm unverändert, da das Partizip ja eine endungsbetonte Form ist (z.B. *sentir—>s**ie**nto*, aber *s**e**ntido*).

3. *Compuesto* im Satz

Wenn Sie ein *Compuesto* verneinen wollen, stellen Sie das *no* vor das Hilfsverb, also die Form von *haber:*

*Hoy **no** he trabajado mucho.* – Heute habe ich nicht viel gearbeitet.

4. Die unregelmäßigen Partizipien

Wie fast immer gibt es leider auch ein paar Verben, die ein unregelmäßiges Partizip bilden. Hier die häufigsten:

(öffnen)	*abrir*	*ab**ierto***	⇨	*he abierto*
(bedecken)	*cubrir*	*cub**ierto***	⇨	*han cubierto*
(sprechen ...)	*decir*	***dicho***	⇨	*has dicho*
(schreiben)	*escribir*	*escri**to***	⇨	*has escrito*
(tun)	*hacer*	***hecho***	⇨	*han hecho*
(sterben)	*morir*	***muerto***	⇨	*ha muerto*
(stellen ...)	*poner*	***puesto***	⇨	*hemos puesto*
(zerbrechen ...)	*romper(se)*	*ro**to***	⇨	*ha roto*
(sehen)	*ver*	***visto***	⇨	*habéis visto*
(zurückkehren)	*volver*	***vuelto***	⇨	*ha vuelto*

Die übrigen unregelmäßigen Verben bilden fast alle ein regelmäßiges Partizip, z.B. *ser* (*sido*) oder *estar* (*estado*). Bei einigen Verben wird noch ein Akzent gesetzt (z.B. *traer —> traído*).

Übung

Setzen Sie bitte die folgenden Präsensformen bzw. Satzbruchstücke ins *Compuesto*.

no trabajo ______________

lee ______________

están ______________

hago ______________

no duerme ______________

eres ______________

no saben ______________

no tienen ______________

viajáis ______________

voy ______________

escriben ______________

pongo ______________

dibuja ______________

vuelven ______________

dicen ______________

no digo ______________

compramos ______________

toman ______________

■ SLE 17: 1. Betonte Possessivbegleiter 2. Possessivpronomen

Was Sie schon kennen: unbetonte Possessivbegleiter

Wir haben Sie bereits in SLE 14 schonend darauf vorbereitet: Mit Elementen, die einen Besitz oder eine Zugehörigkeit bezeichnen, sind die Spanier recht gut sortiert. Wir kommen also nicht umhin, das Thema erneut anzugehen.

Bisher kennen gelernt haben Sie die Gruppe der **unbetonten Possessivbegleiter**:

¿Cuál es ***su*** *nombre? –* ***Mi*** *nombre es Kristina Becker.*
Wie ist **Ihr** Name? – **Mein** Name ist Kristina Becker.

Hier zur Erinnerung noch einmal das Schema:

Person	♂	♀	♂♂	♀♀	
(yo)	***mi*** *amigo*	***mi*** *amiga*	***mis*** *amigos*	***mis*** *amigas*	mein/e
(tú)	***tu*** *amigo*	***tu*** *amiga*	***tus*** *amigos*	***tus*** *amigas*	dein/e
(él/ella/Vd.)	***su*** *amigo*	***su*** *amiga*	***sus*** *amigos*	***sus*** *amigas*	sein/e ihr/e Ihre/e

Person	♂ / ♂♂		♀ / ♀♀		
(nosotros/nosotras)	***nuestro*** ***nuestros***	*amigo* *amigos*	***nuestra*** ***nuestras***	*amiga* *amigas*	unser/e
(vosotros/vosotras)	***vuestro*** ***vuestros***	*amigo* *amigos*	***vuestra*** ***vuestras***	*amiga* *amigas*	euer eure
(ellos/ellas/Vds.)	***su*** ***sus***	*amigo* *amigos*	***su*** ***sus***	*amiga* *amigas*	ihr/e Ihr/e

Unbetonte Possessivbegleiter stehen vor dem dazugehörigen Substantiv und werden (im Prinzip) **angeglichen**. Allerdings sind die männlichen und weiblichen Formen oft gleich (außer bei *nuestro/nuestra* und *vuestro/vuestra)*, nur im Plural wird in jedem Fall ein *s* angehängt. Dass der Bezug in den dritten Personen (*su/sus*) manchmal etwas unklar ist (*su amiga* für «seine Freundin», «ihre Freundin», oder auch «Ihre Freundin»), wissen Sie vermutlich noch. Wenn Sie sich nicht sicher sind, können Sie in SLE 14 nachlesen.

1. Betonte Possessivbegleiter

Wenn der Besitz oder die Zugehörigkeit stark betont werden sollen, setzen die Spanier betonte Possessivbegleiter:

*Esta casa es **mía**, no **tuya**.* — Das ist **mein,** nicht **dein** Haus.

Betonte Possessivbegleiter stehen außerdem, wenn herausgestellt werden soll, dass nur ein Teil einer Gesamtzahl oder -menge gemeint ist:

*Kristina da **dos libros suyos** a Ana.* — Kristina gibt Ana **zwei ihrer Bücher** (also nicht alle ihre Bücher, sondern nur zwei davon).

Natürlich besitzt die Studentin mehr als zwei Bücher, von denen sie jetzt zwei verleiht. Dies drückt hier der betonte Possessivbegleiter aus. Hieße es dagegen: *Kristina da sus dos libros a Ana*, dann überließe sie ihrer Freundin ihre einzigen zwei Bücher!

Sicherlich ist Ihnen nicht entgangen, dass die betonten Possessivbegleiter – im Gegensatz zu den unbetonten – hinter dem zugehörigen Substantiv stehen. Wie ihre unbetonten «Brüder» werden Sie angeglichen (*un libro suyo, una casa mía, esos asuntos vuestros* und so weiter).

Hier eine Übersicht:

	♂	♀	♂♂	♀♀	
(yo)	***mío***	***mía***	***míos***	***mías***	mein/e
(tú)	***tuyo***	***tuya***	***tuyos***	***tuyas***	dein/e
(él/ella/Vd.)	***suyo***	***suya***	***suyos***	***suyas***	sein/e ihr/e Ihr/e
(nosotros/as)	***nuestro***	***nuestra***	***nuestros***	***nuestras***	unser/e
(vosotros/as)	***vuestro***	***vuestra***	***vuestros***	***vuestras***	euer/e
(ellos/ellas/ Vds.)	***suyo***	***suya***	***suyos***	***suyas***	ihr/e Ihr/e

Die erste und zweite Person Plural haben dieselben Formen wie der **unbetonte Possessivbegleiter** (*nuestro/a* und *vuestro/a*). In den dritten Personen stellt sich wieder das übliche «Bezugsproblem», denn *Es suyo* kann sowohl bedeuten: «Es ist seiner/ihrer», als auch «... Ihrer» (Einzahl und Mehrzahl). Da hilft Ihnen nur der Zusammenhang weiter – oder Sie setzen *de* + Personalpronomen, wie Sie es von den unbetonten Possessivbegleitern her kennen.

Hier noch ein paar Details zum Gebrauch der betonten Possessivbegleiter:

Oft werden sie (wie in unserem ersten Beispiel) «prädikativ» gebraucht. Substantiv und (betonter) Possessivbegleiter sind dann mit *ser* verbunden:

*¿Es su coche? – Sí, este coche **es mío**.*
Ist das Ihr Wagen? – Ja, dieser Wagen gehört mir. (wörtlich: ... ist meiner)

*¿De quién es esta casa? – **Es mía**.*
Wem gehört dieses Haus? – Das ist meins / gehört mir!

Diese Folge *ser* + (betonter) Possessivbegleiter entspricht oft dem deutschen Verb «gehören».

Häufig kommen betonte Possessivbegleiter auch in Briefanreden und Ausrufen vor:

Muy señor mío / Muy señores míos — (etwa:) Sehr geehrte/r Herr/Herren!
¡Dios mío! — Mein Gott!

2. Possessivpronomen

Ein besitzanzeigendes Element kann – genau wie im Deutschen – auch ohne Substantiv stehen:

Dieses Auto ist schneller als **meins**. (statt: «mein Auto»)

Dann steht kein Possessivbegleiter, sondern ein Possessivpronomen. Der entsprechende spanische Satz lautet:

Este coche es más rápido que ***el mío****.*

Sie sehen: Die Existenz dieser weiteren Gruppe besitzanzeigender Elemente ist kein Grund zu Frust oder Panik, denn spanische Possessivpronomen haben dieselben Formen wie die betonten Possessivbegleiter. Der einzige Unterschied besteht darin, dass davor noch ein **bestimmter Artikel** steht – natürlich der des Substantivs, auf den sich das Pronomen bezieht und an das es angeglichen werden muss (*el coche* —> *el mío*).

Die Formen des spanischen Possessivpronomens lauten also:

	♂	♀	♂♂	♀♀	
(yo)	***el mío***	***la mía***	***los míos***	***las mías***	mein/e
(tú)	***el tuyo***	***la tuya***	***los tuyos***	***las tuyas***	dein/e
(él/ella/ Vd.)	***el suyo***	***la suya***	***los suyos***	***las suyas***	sein/e ihr/e Ihr/e
(nosotros/ vosotras)	***el nuestro***	***la nuestra***	***los nuestros***	***las nuestras***	unser/e
(vosotros/ vosotras)	***el vuestro***	***la vuestra***	***los vuestros***	***las vuestras***	euer/e
(ellos/ ellas/Vds.)	***el suyo***	***la suya***	***los suyos***	***las suyas***	ihr/e Ihr/e

☝ Wenn Sie's noch genauer wissen wollen ...

Oft ergeben sich ein Besitz oder eine Zugehörigkeit schon aus dem Zusammenhang. Genau wie im Deutschen steht dann meistens der bestimmte Artikel anstelle eines Possessivbegleiters:

*Me duele **la** cabeza.* — **Mein** Kopf tut weh. (aber auch: Mir tut **der** Kopf weh.)

Es ist ja klar, dass der Kopf zu der sprechenden Person gehört, folglich genügt ein schlichtes *la*.

Im Zusammenhang mit einem Possessivbegleiter taucht manchmal auch der neutrale bestimmte Artikel *lo* auf:

*Enrique exige sólo **lo suyo**.* — Enrique verlangt nur, was ihm gehört.
(= sein Eigentum, wörtlich: «das seinige»).

Possessivpronomen mit neutralem *lo* kommt vor allem in festen Redewendungen vor, die Sie bei Bedarf und Notwendigkeit wie Vokabeln lernen können.

Übung

Ergänzen Sie bitte den passenden Possessivbegleiter oder das Possessivpronomen:

1. *¿Es __ casa, Ana?— No, no es ____.*
2. *¿Son ___ libros, María?— Eso es, son _____.*
3. *¿Es __ silla, señor?– No, no _______.*
4. *No es la casa de Ana. ¿Es ____, María?*
5. *___________ barrio es muy tranquilo. ¿Cómo es _______________?*
6. *¿Quién es este señor?— Es __ amigo ___.*
7. *Ese cuadro me gusta mucho. ¿Es ____, Carmen?*
8. *Nuestra ciudad es muy bonita. ¿Y _______?*
9. *¿De quién son estas fotos. Son _____, Carlos?— Eso es, son ____.*
10. *Esa alfombra* [Teppich] *no me gusta. ¿Es ____, señor?— No, no ______.*

■ SLE 18: Mehr zur Verneinung

Was Sie schon kennen: Verneinung mit *no.*

Wie man Sätze verneint, ist Ihnen im Prinzip bekannt:

¿Desea (Vd.) visitar el palacio? – No, (yo) ***no deseo*** *visitar el palacio.*
(etwa:) Möchten Sie den Palast besichtigen? – Nein, ich möchte den Palast nicht besichtigen.

Bei der einfachen Verneinung (für «nicht» oder «kein/e») kommt – ebenso einfach – nur ein *no* vor das **konjugierte Verb**, vor die Verbform also, die ihre Endung nach dem Subjekt verändert. Wenn noch ein Infinitiv folgt, bleibt dieser «außen vor».

Aber – auch wenn man angeblich nie «nie» sagen soll – manchmal möchte man diese Form der Verneinung ja doch gebrauchen, oder andere: «nichts», «niemand», «noch nicht» und so weiter ...

◆ **Variante A: Ein zweites Element wird hinzugefügt.**

Im Spanischen tritt dann oft ein zweites Element zu dem *no*: Das «eigentliche Verneinungselement» steht hinter dem Verb, es wird durch das *no* (vor dem Verb) gewissermaßen angekündigt:

La vida está carísima. ***No*** *compro* ***nada*** *hoy.*
Das Leben ist fürchterlich teuer. Ich kaufe heute **nichts.**

¿Dónde están los amigos? ***No*** *veo* ***a nadie****.*
Wo sind die Freunde? Ich sehe **niemanden.**

Luis viaja mucho. ***No*** *está* ***nunca*** *en su ciudad.*
Luis reist viel. Er hält sich **niemals** in seiner Heimatstadt auf.

Hoy no voy al cine, ¿y tú? – Yo ***no*** *voy* ***tampoco****.*
Ich gehe heute nicht ins Kino. Und du? – Ich gehe **auch nicht.**

Diese Verneinungsvarianten lauten also:

no ... nada	nichts
no ... nadie	niemand
no ... nunca	niemals
no ... tampoco	auch nicht

Etwas komplizierter ist die Sache bei *no ... ningún* («kein», «keine»):

No veo a ***ninguno*** *de mis amigos.* — Ich sehen **keinen** meiner Freunde.
No veo a ***ningún*** *amigo.* — Ich sehe **keinen** Freund.
No veo a ***ninguna*** *amiga.* — Ich sehe **keine** Freundin.

Hier muss das zweite Element *(ninguno)* an sein Bezugswort angeglichen werden, wie ein Adjektiv. Eine weitere Besonderheit: Steht die maskuline Form unmittelbar vor dem Bezugswort (... *ningún amigo*), dann fällt das *-o* fort, und die letzte Silbe bekommt einen Akzent.

◆ **Variante B: Die Verneinung steht ohne *no* vor dem Verb.**

Zu diesen fünf Verneinungen gibt es eine ziemlich häufige Variante: Wenn sie betont werden sollen, stehen sie vor dem Verb. Das *no* fällt dann fort:

> ***Nada** compro en ese supermercado miserable.*
> **Nichts** (aber auch gar nichts!) kaufe ich in diesem schäbigen Supermarkt.
>
> ***A nadie** explica este problema.*
> (etwa:) Aber auch **gar niemandem** erklärt er/sie das Problem!
>
> ***Nunca** estoy en mi ciudad.* — Ich halte mich **nie** in meiner Heimatstadt auf.
>
> *Yo **tampoco** voy al cine.* — Ich gehe **auch nicht** ins Kino!
>
> ***A ninguno** de mis amigos puedo hablar hoy. – **A ninguna** de mis amigas puedo hablar hoy.*
> (etwa:) Ich kann heute aber auch mit **gar keinem/r** von meinen Freunden/ Freundinnen reden!

Sie können übrigens auch ohne Verb stehen:

> *Yo no voy al cine, ¿y tú? – Yo **tampoco**.*
> Ich gehe heute nicht ins Kino, und du? – Ich **auch nicht**.

◆ **Variante C: Verneinungselement + *no* stehen vor dem Verb.**

In einigen Fällen steht die «eigentliche Verneinung» einschließlich *no* (meistens) vor dem Verb:

> *¿Viajas a España en verano? – **Todavía no** sé.*
> Fährst du im Sommer nach Spanien? – Ich weiß **noch nicht**!

Die zweite Verneinung nach diesem Muster haben Sie bestimmt schon einmal gehört:

> *La cucaracha **ya no** puede caminar...*
> Die Küchenschabe kann **nicht mehr** gehen ...

Diese beiden Varianten lauten also:

todavía no... «noch nicht»	*ya no ...* «nicht mehr»

☝ Wenn Sie es noch genauer wissen wollen ...

Weitere Formen der Verneinung

Ehrlich gesagt, die spanische Verneinung ist ein weites Feld. Es gibt über die oben beschriebenen Formen hinaus noch eine ganze Reihe weiterer und dazu eine Menge stilistischer Feinheiten. Das Problem ist dabei, dass sich in einigen Fällen je nach Gebrauch die Bedeutung ändert – im Extremfall ins genaue Gegenteil.

Deshalb hier noch ein paar Hinweise:

1. Verneinung mit *ni*

Ein *ni* vor einem bestimmten Wort drückt eine starke Negativaussage aus:

Tengo ***ni*** *un céntimo.* — Ich habe **nicht einen einzigen** Cent.

Ein *ni* kann außerdem einen weiteren, ebenfalls verneinten Satz (nach einer ersten Negativaussage) einleiten. Es hat dann die Bedeutung «auch nicht»:

No *lo sé* ***ni*** *me interesa.* — Ich weiß es **nicht** und es interessiert mich **auch nicht**.

Zusammen mit *no* in demselben Satz bedeutet *ni ... ni ...* «weder ... noch»:

No conozco ***ni*** *a él* ***ni*** *a su hermana.* — Ich kenne **weder** ihn **noch** seine Schwester.

2. *Nada* zur Verstärkung einer Verneinung

Auch *nada* kann – genau wie *ni* – eine Verneinung oder Negativaussage verstärken:

Ana tiene una casa que es ***nada*** *fea.*
(etwa:) Ana hat ein Haus, das **gar nicht** hässlich ist.

Pilar no es ***nada*** *tonta.* — Pilar ist **gar nicht** dumm.

3. Verneinungselemente mit positiver Bedeutung

Schließlich können einige «Verneinungselemente» ihre Bedeutung schlagartig vom Negativen ins Positive verändern – «nichts» wird dann beispielsweise zu «etwas» oder «niemand» zu «jemand». Das ist immer dann der Fall, wenn diese Elemente auf eine vorherige Verneinung folgen. So könnte der Stoßseufzer eines geplagten Geschäftsmannes lauten:

Nadie compra ***nada*** *en mi tienda hoy.*
Heute kauft niemand **etwas** in meinem Geschäft.

Das Wort *nada* folgt hier auf eine Verneinung mit *nadie* (*Nadie compra* ..., «Niemand kauft ...») und bedeutet «etwas». Dasselbe gilt – wie gesagt – für *nadie* und *ninguno/a* («kein/e» —> «irgendein/e»).

Derselbe «Bedeutungswechsel» findet auch nach einigen Präpositionen (wie *sin*, «ohne») statt:

Luis sale ***sin decir nada***. — Luis geht fort, ohne **etwas** zu sagen.

Für Sie bedeutet das: Sie müssen auf der Hut sein! Nicht jedes *nada* bedeutet «nichts», nicht jedes *nadie* «niemand» und so weiter. Es lohnt sich, im Zweifelsfall zweimal hinzusehen.

Übungen

A. Ergänzen Sie bitte die passende Verneinung:

Un interrogatorio [Verhör]:

1. *¿Conoces a Luis? — No, ___________ conozco____ a él. ¿Y a Juanita? — No la* [sie] *_______________. No conozco ____ Luis ____ Juanita. No conozco _______ en esta ciudad.*
   ¿Has comprado este collar [Halskette] *? — No, _______ comprado_____. _____ compro collares en una estación.* [Bahnhof]

2. *Pepa y Pedro están en Madrid en una plaza. _____ está en la plaza. Buscan la heladería* [Eisdiele] *«La Venecia». «__ veo ________ heladería por aquí. ¿Y tú?» – «Yo __ la veo _______. Además no veo ________ a quien podemos preguntar».*
   Hasta hoy __ han estado __ en Madrid _____en la provincia. De repente [plötzlich] *ven a dos madrileños y les preguntan* [fragen sie] *por la heladería, pero __ el uno __ el otro lo sabe* [weiß es]. *Aunque son de Madrid no tienen _______ _______ idea!*
   Al final preguntan a un policía que les dice: «En este barrio [Stadtviertel] *__ hay _______ heladería. Además «La Venecia» ____ es una heladería sino* [sondern] *un bar. Está cerca de la Plaza Santa Ana.»*

B. Geben Sie bitte die folgenden Sätze in Spanisch wieder:

1. Es ist schon spät. Heute kann ich nicht mehr kommen.
   ____.

2. Siehst du José? Ich kann José noch nicht sehen.
   ____.

3. Carmen arbeitet nicht mehr. Sie hat kein Geld mehr.
   ____.

4. Luis spricht mit niemandem.
   ____.

5. Luis arbeitet nie. Er hat nie Geld. Ana arbeitet auch nicht. Sie hat auch kein Geld.
   ____.

■ SLE 19: 1. Futur mit *ir a* / 2. Relativsätze mit *que*

1. Futur mit *ir a*:

Das Verb *ir* («gehen», auch «fahren» etc.) ist Ihnen seit SLE 14 bekannt[1]:

Kristina ***va*** *todos los días a la universidad.*
Kristina **geht/fährt** jeden Tag zur Universität.

A veces ***va a pie****, pero normalmente* ***va en autobús****.*
Manchmal **geht sie zu Fuß**, aber normalerweise **fährt sie mit dem Bus**.

Darüber hinaus hat das Verb *ir* aber noch eine andere Funktion: Mit seiner Hilfe können Sie Absichten und zukünftige Ereignisse ausdrücken.

¿Ya está Kristina? No, pero ***va a llegar*** *ahora.*
Ist Kristina schon da? Nein, aber sie **wird** gleich **kommen**.

Sie lassen also auf eine Form von *ir* die **Präposition** *a* folgen und schließlich das Verb für die zukünftige Handlung (hier geht es um die Ankunft Kristinas, also steht *llegar)*. Auf diese Weise können Sie übrigens auch das Verb *ir* selbst in die Zukunft setzen:

Mañana ***va a ir*** *en autobús a la universidad.*
Morgen **wird sie** mit dem Bus zur Uni fahren.

Meistens ist es eine nahe Zukunft, die mit *ir a* ausgedrückt wird, oft verbunden mit einer Absicht:

*¿****Vas a comprar*** *este coche?* ***Sí, voy a comprarlo****.*
Wirst (= Hast du die Absicht) du dieses Auto kaufen? Ja, ich werde es kaufen.

Außerdem können Sie mit *ir a* einen Befehl umschreiben, in den sich die sprechende Person selbst einbezieht (mehr zu den Befehlen in SLE 25):

Vamos a *aprender español.* — Lasst uns / Wir wollen Spanisch lernen.

Hier kommt natürlich nur die erste Person Plural von *ir* (*vamos*) in Frage.

1 Hier seine Präsensformen noch einmal zur Erinnerung: *(yo)* ***voy****, (tú)* ***vas****, (él /ella)* ***va*** *(nosotros/ nosotras)* ***vamos****, (vosotros/vorostras)* ***vais****, (ellos/ellas)* ***van****.*

2. Relativsätze mit *que*

Was Sie (bestimmt) schon wissen ...

Wie Relativsätze (im Deutschen) aussehen, ist Ihnen sicherlich bekannt. Trotzdem ... Sie wissen schon! Machen wir dazu eine kleine Reise in jene Zeit, als der Wilde Westen noch wild war:

Messer-Jack, **den in Tombstone-City jeder fürchtete,**
stach zu und erledigte Old Sweatfoot-Tom.
Es war ihm klar geworden: Dies war der Mann, **der zu viel wusste**.
Dies war der Mann, **mit dem er fertig werden musste**.

Alle drei Beispiele enthalten einen Relativsatz (fett gedruckt), der jeweils einen Begriff im Hauptsatz (sein «**Bezugswort**») ergänzt: «... den jeder in Tombstone-City fürchtete» liefert eine weitere Information über den gewalttätigen Messer-Jack, die beiden anderen erläutern das Wort «Mann»: Erstens weiß dieser Mann zu viel, zweitens muss Messer-Jack mit ihm fertig werden. Die Bezugswörter in unseren Beispielsätzen sind also «Messer-Jack» beziehungsweise «Mann».

Relativsätze werden mit einem **Relativpronomen** angeschlossen (hier «der», «dem» und «den»), das sich nach bestimmten Kriterien verändern kann (da das im Spanischen vollkommen anders funktioniert als im Deutschen, gehen wir hier nicht weiter auf diesen Punkt ein). Vor dem Relativpronomen steht unter bestimmten Umständen eine **Präposition** («... mit dem ... »). Das Relativpronomen selbst ist **Subjekt** oder **Objekt** des Relativsatzes.

1. Das Relativpronomen *que* als Subjekt

Viele Relativsätze werden über ihr **Subjekt** angeschlossen – das Relativpronomen ist dann Subjekt des Relativsatzes:

María, te presento al señor López ***que trabaja en nuestra empresa.***
Maria, ich stelle dich Herrn López vor, **der in unserer Firma arbeitet.**

Klarer Fall: Das Bezugswort im Hauptsatz ist «Herr López», denn auf ihn bezieht sich die Aussage, dass er in derselben Firma arbeitet. Subjekt des Relativsatzes ist das Relativpronomen *que,* denn ich kann es mit «wer oder was?» erfragen («Wer arbeitet in unserer Firma?»). Dass das Relativpronomen hier wirklich Subjekt des Relativsatzes ist, wird noch deutlicher, wenn ich den Relativsatz in einen Hauptsatz verwandele:

María, te presento al señor López. ***El señor López*** *trabaja en nuestra empresa.*
↓
María, te presento al señor López ***que*** *trabaja en nuestra empresa.*

Dieses *que* ist übrigens unveränderlich. Man setzt also – anders als im Deutschen – dasselbe Pronomen, wenn anstelle von Herrn López von Frau Ramírez oder gar mehreren Personen die Rede ist. Außerdem kann *que* natürlich auch für Sachen stehen:

Voy a comprar este coche **que** *me*[2] *gusta tanto.*
Ich werde diesen Wagen kaufen, der mir so gut gefällt.

Esta es la mesa **que** *no me gusta.* — Dies ist der Tisch, der mir nicht gefällt.

2. Das Relativpronomen *que* als direktes Objekt

Oft ist *que* auch das **direkte Objekt** des Relativsatzes:

La torre alta ***que Vd. ve allí*** *es la Giralda.*
Der hohe Turm, **den Sie dort sehen,** ist die Giralda.

Nach diesem *que* kann ich (meistens) mit «wen oder was?» fragen. Eindeutiger ist wieder die «Rückverwandlung» des Relativsatzes in einen Hauptsatz:

La torre alta es la Giralda. Vd. ***la*** *ve allí.* *(Vd. ve allí* ***la Giralda****).*
↓
La torre alta ***que*** *Vd. ve allí es la Giralda.*

Hier wird der Relativsatz also über sein direktes Objekt an den Hauptsatz angeschlossen (Bezugswort ist «die Giralda», sie kann erblickt werden), weil das Verb *ver* mit direktem Objekt steht.

3. Das Relativpronomen *que* mit Präposition

Was nun aber, wenn der Relativsatz über ein **indirektes Objekt** angeschlossen werden soll (etwa: «Das ist der Mann, mit dem ich unbedingt sprechen möchte»)? Oder über eine **adverbiale Bestimmung** («Sevilla ist eine Stadt, in der ich gern leben würde»)? Wenn also ein **Verb-Anschluss mit Präposition** ins Spiel kommt? Dann wird die Sache leider etwas komplizierter:

El chico ***con el que*** *habla Kristina*[3] *es un amigo.*
Der junge Mann, **mit dem** Kristina spricht, ist ein Freund.

La ciudad ***en la que*** *vivo me gusta mucho.*
Die Stadt, **in der** ich lebe, gefällt mir sehr.

Bekanntlich heißt «mit jemandem sprechen» *hablar* ***con*** *alguien.* Soll der Relativsatz über diesen Verbanschluss angefügt werden, kann wieder *que* stehen. Es ist nach wie vor unveränderlich, wird aber ergänzt: Davor stehen die Präposition des Verbanschlusses (hier also *con*) sowie der (bestimmte) Artikel des Bezugswortes (*el chico*, also *el*). Analog unser zweites Beispiel: «in einer Stadt leben» heißt *vivir* ***en*** *una cuidad*. Folglich lautet der gesamte Relativanschluss ... *en la que*.

---

2 Mehr zu den Objektpronomen in SLE 21/22.
3 Wenn in einem Nebensatz ein Verb keine Ergänzung hat, werden Subjekt und Prädikat oft vertauscht.

Hier zum Vergleich noch einmal das Satzgefüge mit Relativsatz und die entsprechenden beiden Hauptsätze:

La ciudad		*me gusta mucho. Vivo* **en** *esta cuidad.*
La *ciudad*		*me gusta mucho.*
	en la que *vivo*	

Natürlich entstehen nach *de* und *a* – wie immer – die Wörtchen *del* und *al, auch vor que*:

El chico **del** *que hablamos es el hermano de Luis.*
Der Junge, über den wir sprechen, ist der Bruder von Luis.

Nach einigen Präpositionen (darunter *de)* können Sie den Artikel übrigens auch weglassen – Sie müssen aber nicht.

Falls Sie es sich merken wollen: Es sind die Präpositionen *a, de, en* und *con*. Sicherer ist es natürlich, wenn Sie bei indirekten Anschlüssen immer die Folge Präposition + Artikel + *que* in Ihren Satz bauen!

Wenn Sie's noch genauer wissen wollen:

Außer *que* gibt es noch eine Reihe anderer Relativpronomen, die zum Teil parallel verwandt werden und manchmal besser klingen. Da ihr Gebrauch jedoch komplizierter ist, soll erst später (in Band II) von ihnen die Rede sein. In den allermeisten Fällen reicht das, was Sie jetzt wissen.

Im Zusammenhang mit Relativsätzen taucht manchmal auch ein alter Bekannter auf – der neutrale Artikel *lo*:

¿Sabes ***lo que*** *quiere Kristina?* — Weißt du, **was** Kristina möchte?

Die Folge *lo que* entspricht dem deutschen «(das), was». Hier ist kein konkretes Bezugswort vorhanden, der Relativsatz bezieht sich vielmehr auf einen Sachverhalt (hier: das, was Kristina will) oder auch einen ganzen vorhergehenden Satz. Dieses *lo que* kann auch am Anfang eines Satzes stehen:

Lo que *no me gusta son las personas informales.*
Was ich nicht mag, sind unzuverlässige Menschen.

Häufig bezieht sich *lo que* auch auf Ausdrücke wie *todo* oder *esto*:

¿Es esto ***lo que*** *no te gusta?* — Ist es das, was dir nicht gefällt?
Todo lo *que puedo decirte ...* — Alles, was ich dir sagen kann ...

Sie sehen: *lo que* kommt gar nicht so selten vor!

Übung

Ergänzen Sie bitte die Relativpronomen:

1. *Esta es la ciudad*
   — ________ *vivo .*
   — ________ *me gusta todavía.*
   — ________ *hay el Mar Mediterráneo.*

2. *Luis tiene un coche grande*
   — ________ *encanta muchísimo a Luis.*
   — ________ *ya tiene 15 años.*
   — *pero* ________ *yo odio.*
   —________ *está muy orgulloso.*
   — *delante* ________ *duerme su gato* [Katze] *«Felipe».*

3. *Doña Luisa es una señora muy simpática* ________ *ya tiene 90 años.* ________ *no le gusta son los jóvenes* ________ *juegan al baloncesto* [Basketball] *delante de su casita. Esta casita muy antigua,* ________ *hay un jardín bonito, está en un barrio tranquilo* ________ *hay un campo de deportes.* [Sportplatz] *Por eso está siempre enfadada* [verärgert] *cuando los jóvenes juegan en la calle. Doña Luisa tiene solamente su gato* ________ *puede hablar un poco, y un vecino* [Nachbar] *amable* ________ *la visita a veces.*

Was Sie (bestimmt) schon kennen: Grundzahlen und Ordnungszahlen

Neben den «einfachen» Grundzahlen («eins», «zwei», «drei» usw.), die Sie seit SLE 7 kennen, gibt es die so genannten «Ordnungszahlen» («die erste Straße», «der zweite Besitzer», «das dritte Stockwerk» etc.) – im Deutschen ebenso wie im Spanischen. Allerdings weicht der Gebrauch im Einzelfall etwas ab. Sehen wir uns das Ganze also genauer an.

1. Ordnungszahlen: nur von eins bis zehn gebräuchlich

Ordnungszahlen verhalten sich wie Adjektive. Sie beziehen sich in der Regel auf ein Substantiv und werden entsprechend **angeglichen**:

Ana vive en el ***segundo*** *piso.* — Ana wohnt im **zweiten** Stock.

Su casa está en la ***segunda*** *calle a la izquierda.*
Ihr Haus befindet sich in der **zweiten** Straße links.

Meistens stehen Ordnungszahlen – wie in unseren Beispielen – vor dem Substantiv: *el segundo piso, la segunda calle*, ihre maskuline Endung ist *o*, die feminine *a*. Die Eins und die Drei verlieren allerdings ihr *o*, wenn das zugehörige Substantiv unmittelbar folgt:

Nosotros vivimos en el ***primer*** *piso, Antonio vive en el* ***tercero****.*
Wir wohnen im ersten Stock, Antonio wohnt im dritten.

Ana vive también en el ***tercer*** *piso.* — Ana wohnt ebenfalls im dritten Stock.

Stehen sie dagegen «alleine», also ohne Substantiv (wie im mittleren Beispiel), bleibt das *o* erhalten (... *el primer* **piso**, aber: ... *en el tercer***o**). Das *-a* der weiblichen Endung fällt niemals weg:

Es la ***primera*** *vez que estoy en España.* — Ich bin zum ersten Mal in Spanien.

Hier alle (wesentlichen) Ordnungszahlen im Überblick:

1°/ª	*primero/primera*	*6°/ª*	*sexto/sexta*
2°/ª	*segundo/segunda*	*7°/ª*	*séptimo/séptima*
3°/ª	*tercero/tercera*	*8°/ª*	*octavo/octava*
4°/ª	*cuarto/cuarta*	*9°/ª*	*noveno/novena*
5°/ª	*quinto/quinta*	*10°/ª*	*décimo/décima*

Wenn Sie die Ziffer schreiben möchten, setzen Sie übrigens keinen Punkt dahinter (wie im Deutschen). Folgt ein männliches Substantiv, steht das Zeichen ° (z. B. für *cuarto*: *el 4° piso*).

Folgt ein weibliches Substantiv setzen Sie das Zeichen ª (z. B. *für cuart**a**; la 4ª edición)*. Das zu *tercer* verkürzte *tercero* wird allerdings *3^r^* geschrieben; z.B *el 3^r^ piso.*

Für den Fall, dass Sie sich jetzt fragen, wo die Ordnungszahlen ab 10 bleiben: Es gibt sie wohl[1], sie werden jedoch so selten benutzt, dass Sie Ihr Gedächtnis nicht damit belasten sollten. Man setzt an ihrer Stelle schlicht und ergreifend die Grundzahlen. Lebte der gute Antonio also im 20. Stock, hieße es: *Vive en el piso* ***veinte***. Entsprechend wird König Karl V als *Carlos Quinto*[2], Papst Johannes XXIII aber als *Juan Veintitrés* bezeichnet.

Ansonsten ist der Gebrauch ähnlich wie im Deutschen – mit einer Ausnahme allerdings. Bei Datumsangaben verwenden die Spanier bekanntlich normalerweise die Grundzahlen:

*Es **el diez** de julio.* — Es ist **der zehnte** Juli.

Nur beim jeweils Ersten eines Monats haben Sie die freie Auswahl. Hier können Sie nach Belieben die Grundzahl *uno* oder die Ordnungszahl *primero* setzen:

*Es el **primero** de agosto. Es el **uno** de agosto.*

Steht eine Grundzahl anstelle einer Ordnungszahl, wird sie übrigens meistens hinter das zugehörige Substantiv gesetzt:

*Vivimos en el siglo **veinte**.* — Wir leben im 20. Jahrhundert.

☝ Wenn Sie's noch genauer wissen wollen ...

- Gelegentlich kommen die Ordnungszahlen zu 11 und 12 vor. Sie lauten:

undécimo/a	*duodécimo/a*

- Genau wie im Deutschen können Ordnungszahlen auch in die Mehrzahl gesetzt werden. Man hängt dann das übliche *s* an:

*Miguel de Cervantes pasa sus primer**os años** en Alcalá de Henares.*
Miguel de Cervantes verbringt seine ersten Jahre in Alcalá de Henares.

- Ordnungszahlen fungieren außerdem als Bruchzahlen (im Nenner der Brüche):

*Ana compra un **cuarto** de kilo de queso.* — Ana kauft ein viertel Kilo Käse.

Sie kennen *cuarto* außerdem bereits als Bezeichnung für die Viertelstunde bei Zeitangaben (kein Wunder: Eine Viertelstunde ist ein Bruchteil einer Stunde!):

*Son las **tres y cuarto**.* — Es ist viertel nach drei.

---

1 Sie kommen manchmal in Sportsendungen vor, wenn beispielsweise die Rangfolge der Fußballmannschaften genannt wird.

2 Bei Königs- und Papstnamen steht die Ordnungszahl hinter dem Namen.

■ SLE 21: **Objektpronomen für die dritte Person**

Was Sie schon kennen: Subjektpronomen.

Ein Pronomen ist bekanntlich ein Wort, das für etwas steht, eben ein «Fürwort». Wie man ein Subjekt ersetzt, wissen Sie längst – und natürlich auch, dass das Subjektpronomen oft nicht gesetzt wird:

***Kristina** visita la catedral. **(Ella)** visita la catedral.*
Kristina/Sie besichtigt die Kathedrale.

1. Grundsätzliches zum Objektpronomen: «Fürwörter» – auch für Objekte

Dasselbe ist natürlich auch beim Objekt möglich: «Kristina besichtigt die Kathedrale» wird dann zu: «Kristina besichtigt sie». Diesmal habe ich das Objekt durch ein Pronomen ersetzt – ein Objektpronomen gesetzt.

Der spanische Satz sieht in diesem Fall allerdings etwas anders aus als der deutsche:

Kristina		*visita **la catedral**.*
Kristina	***la***	*visita*

Sie sehen:

- Das Objektpronomen steht nicht an derselben Stelle wie sein «Original», das eigentliche Objekt. Es ist vor das Verb gewandert – für uns Nicht-Romanen ein ungewohntes Satzmuster!
- Das Objektpronomen sieht vollkommen anders aus. In unserem Beispiel gleicht es bis auf ein Haar dem Artikel des ursprünglichen Objekts (... ***la** catedral* —> ... ***la** visita*).

2. Objektpronomen für direkte Objekte: *le, lo, la* und *les, los, las*

Für direkte Objekte (die meistens einem deutschen Akkusativ – «wen oder was?» – entsprechen)[1] stehen folgende Pronomen:

Kristina		*busca **el libro**.*	*Kristina*		*busca **a Juan**.*
Kristina	***lo***	*busca.*	*Kristina*	***le (lo)***	*busca.*
Kristina		sucht das Buch.	Kristina		sucht Juan.
Kristina		sucht es.	Kristina		sucht ihn.
Kristina		*visita **la catedral**.*	*Kristina*		*visita **a Pilar**.*
Kristina	***la***	*visita.*	*Kristina*	***la***	*visita.*
Kristina		besichtigt die Kathedrale.	Kristina		besucht Pilar.
Kristina		besichtigt sie.	Kristina		besucht sie.

Bei **weiblichen Objekten** ist die Sache einfach: Hier steht in der Einzahl immer *la*.

Bei **männlichen Objekten** wird (vor allem in Spanien) oft zwischen Sachen und Personen unterschieden: *lo* für Sachen, *le* für Personen. Das Objektpronomen *lo* kann aber im Zweifelsfall für beides gesetzt werden, die Südamerikaner verwenden es sogar durchgehend.

Mit *lo* sind Sie also immer auf der sicheren Seite, denn *le* können Sie umgekehrt nicht für Sachobjekte verwenden.

In der Mehrzahl wird an alle diese Pronomen einfach ein *s* gehängt. Die Formen lauten also: *los, les* und *las*. Für den Gebrauch gilt dasselbe wie für die Einzahlformen.

Kristina		*busca **sus libros**.*	*Carmen*		*busca a **sus hijos**.*
Kristina	***los***	*busca.*	*Carmen*	***les (los)***	*busca.*
Kristina		sucht ihre Bücher.	Carmen		sucht ihre Kinder/Söhne.
Kristina		sucht sie.	Carmen		sucht sie.
Kristina		*visita **unas iglesias**.*	*Carmen*		*busca a **sus hijas**.*
Kristina	***las***	*visita.*	*Carmen*	***las***	*busca.*
Kristina		besichtigt einige Kirchen.	Carmen		sucht ihre Töchter.
Kristina		besichtigt sie.	Carmen		sucht sie.

Auch hier können Sie also für die maskulinen Objekte grundsätzlich *los* setzen; die Form *les* ist ausschließlich für Personen gedacht.

Was aber, wenn ein Objekt aus männlichen und weiblichen Elementen besteht? Wenn Kristina also etwa Pilar und Juan sucht? In diesem Fall schlägt wieder einmal der *Machismo* der spanischen Sprache durch, und es steht gnadenlos die männliche Form, also *les* bzw. *los*.

1 vgl. SLE 11. Sie erinnern sich: Bei Personen setzt man auch in diesem Fall die Präposition *a*.

3. Objektpronomen für indirekte Objekte mit *a* + Person: nur *le* und *les*

Bei den indirekten Personenobjekten mit *a* (die im Deutschen meistens einem Dativ – «wem?» – entsprechen)[2] gibt es für die Einzahl und die Mehrzahl jeweils nur eine Form, nämlich *le* und *les*:

El libro		*gusta* ***a Kristina.***	*El libro*		*gusta* ***a Juan.***
El libro	***le***	*gusta.*	*El libro*	***le***	*gusta.*
Das Buch		gefällt Kristina.	Das Buch		gefällt Juan.
Das Buch		gefällt ihr.	Das Buch		gefällt ihm.
El libro		*gusta* ***a Kristina y Pilar.***	*El libro*		*gusta a* ***Juan y José.***
El libro	***les***	*gusta.*	*El libro*	***les***	*gusta.*
Das Buch		gefällt Kristina und Pilar.	Das Buch		gefällt Juan und José.
Das Buch		gefällt ihnen.	Das Buch		gefällt ihnen.

Sie können also weder für die weibliche Person ein *la* setzen, noch für die männliche ein *lo*. Beide Formen stehen nur für direkte Objekte!

Spätestens jetzt ist Ihnen deutlich geworden, warum wir in SLE 11 so sehr auf dem Unterschied zwischen direkten und indirekten Objekten insistiert haben: Von dieser Unterscheidung hängt nämlich der richtige Gebrauch der Objektpronomen ab!

4. Stellung der Objektpronomen: vor dem Verb, beim Infinitiv angehängt

Die häufigste Variante für die Stellung der Objektpronomen haben Sie inzwischen kennengelernt: Objektpronomen stehen normalerweise vor dem **Verb**. Ist der Satz verneint, dann steht das *no* vor beiden:

¿Dónde está Juan? ***No le*** *(lo) veo.* — Wo ist Juan? Ich sehe ihn nicht.

Bezieht sich ein Objektpronomen auf einen Infinitiv, so wird es an diesen angehängt.

Mucho gusto en conocer ***a tu amiga****. – Mucho gusto en concocer****la****.*
(etwa:) Ich freue mich, deine Freundin kennenzulernen / sie kennenzulernen.

2 vgl. SLE 11.

5. Pronomen nach anderen Präpositionen: oft die bekannten Personalpronomen

Natürlich können auch indirekte Objekte mit anderen Präpositionen als *a* durch ein Pronomen ersetzt werden:

Kristina baila **con** *Ramón.* — Kristina tanzt mit Ramón.

In diesem Fall stehen – im Prinzip – die **Personalpronomen**:

Kristina baila con ***él.*** — Kristina tanzt mit ihm.

Die Satzstellung entspricht dann eher der deutschen. In der 1. und 2. Person Singular werden allerdings *yo* und *tú* durch andere Formen (*mí* und *ti) ersetzt. Keine Sorge – wir kommen gelegentlich darauf zurück.*

Also alles ganz schön kompliziert – aber immerhin sollen auch manche Spanier mit den diversen *le, lo* und *la* so ihre Probleme haben ...

Übung

1. *¿Conoces a José? — No, no _______ conozco.*
2. *¿Conoces a Pilar y a Carmen? — No, no ___ conozco.*
3. *¿Dónde están los niños? No _________ veo.*
4. *¿Venden Vds. esa casa? — No, no ___vendemos.*
5. *¿Granada gusta mucho a Carmen? — Sí, __ gusta mucho.*
6. *¿Quieres conocer nuestra ciudad? — Sí, quiero conocer___.*
7. *¿Odias* [hassen] *el fútbol? — Eso es, __ odio.*
8. *¿Dónde está Ana? No ___veo.*
9. *¿Tienes tú los billetes? — No, no ___ tengo.*
10. *¿Hablas con Kristina? — Eso es hablo con ____.*

■ SLE 22: 1. Objektpronomen für die 1. und 2. Person 2. *Acabar de*

1. Objektpronomen für die 1. und 2. Person

Was Sie schon kennen: Objektpronomen für die 3. Person.

Dass ein **Subjektpronomen** in drei Personen (jeweils Singular und Plural) stehen kann, wissen Sie längst: «ich» (1. Person Singular), «du» (2. Person Singular), «er/sie/es» (3. Person Singular), «wir» (1. Person Plural), «ihr» (2. Person Plural), «sie» (3. Person Plural). Wobei im (spanischen) Spanisch das Pronomen bekanntlich oft nicht gesetzt wird und dann nur im Verb steckt:

*¿Eres **(tú)** Kristina? – Sí, **(yo)** soy Kristina.*
Bist **du** Kristina? – Ja, **ich** bin Kristina.

Gefragt wurde hier in der 2. Person («Bist du ...»), die Antwort erfolgte – logischerweise – in der 1. Person («Ich bin ...»).

Natürlich gibt es diese drei Personen auch beim Objektpronomen. Bisher haben Sie nur die 3. Personen kennengelernt (hier ein Beispiel mit einem direkten Objekt):

*¿Conoces a Kristina? – Sí, **la** conozco.*
Kennst du Kristina? – Ja, ich kenne **sie**.

Das Subjekt des Fragesatzes steht ganz offensichtlich in der 2. Person Singular (*conoces*), das der Antwort in der Ichform (*cono**zco***[1]). Und das Objekt (*Kristina*)? Es steht natürlich in der 3. Person, denn unsere beiden Personen reden ja über eine weitere, eben eine dritte Person (die vielleicht nicht einmal anwesend ist), über Kristina. Dem entspricht das Pronomen *la*.

Sehen wir uns noch ein paar – deutsche – Beispiele an:

Er	sieht	**mich**.	**Du**	siehst	**uns**.
3. Pers. Einz.		1. Pers. Einz.	2. Pers. Einz.		1. Pers. Mehrz.

Ihr	seht	**uns**.	**Wir**	sehen	**dich**.
2. Pers. Mehrz.		1. Pers. Mehrz.	1. Pers. Mehrz.		2. Pers. Einz.

Auch das Objektpronomen kann also – je nach Sinn – in der ersten und zweiten Person, Einzahl oder Mehrzahl, stehen.

1 Zu den Formen von *conocer* s. Zusatz-SLE «Verben».

1.2. Objektpronomen für die erste und zweite Person: *me, te, nos, os*

In Floskeln wie *¿Díga**me**?* oder *Encantado/a de conocer**te*** steht das Objektpronomen in der 1., bzw. 2. Person Singular, denn wörtlich bedeuten sie: «Sagen Sie mir» und «Erfreut, dich kennenzulernen!» Bei diesen Objektpronomen haben Sie es übrigens erheblich leichter als bei denen für die dritte Person: Hier sind die Formen für direkte Objekte und indirekte mit *a* nämlich gleich:

direktes Objekt	**indirekt mit *a***
*¿**Me** conoces?* Kennst du mich?	*¿**Te** gusta Santiago?* Gefällt dir Santiago?
*No, no **te** conozco.* Nein, ich kenne dich nicht.	*Sí, **me** gusta mucho.* Ja, es gefällt mir sehr.

Die Formen für die erste Person Singular lautet also *me*, für die zweite Person Singular *te*. Für die erste Person Plural steht *nos*, für die zweite Person Plural *os*.

*¿**Os** espera?* Wartet er/sie auf euch?	*¿**Os** gusta Santiago?* Gefällt euch Santiago?
*No, no **nos** espera.* Nein, er/sie wartet nicht auf uns.	*Sí, **nos** gusta mucho.* Ja, es gefällt uns sehr.

Wenn es um eine Sie-Form geht, stehen natürlich die Objektpronomen der 3. Person: *¿Le gusta Sevilla (a Vd.)?* – «Gefällt Ihnen Sevilla?»

Hier alle Objektpronomen noch einmal in der Übersicht:

	direktes Objekt	**indirekt mit *a***
(yo)	***me***	***me***
(tú)	***te***	***te***
(él/ella/Vd.)	*le, lo, la*	*le*
(nosotros/nosotras)	***nos***	***nos***
(vosotros/vosotras)	***os***	***os***
(ellos/ellas/Vds.)	*les, los, las*	*les*

Für die Stellung im Satz gilt bei allen Objektpronomen dasselbe: In Aussagesätzen stehen sie vor dem Verb, beim Infinitiv werden sie angehängt:

*La señora **me dice** dónde hay un banco.*
Die Dame sagt mir, wo eine Bank ist.

*¿Puede **decirme** por favor dónde hay un banco?*
Können Sie mir bitte sagen, wo eine Bank ist?

2. *Acabar de*

2.1 Was Sie schon kennen: *ir a*

Dass Sie mit Hilfe des Verbs *ir* zukünftige Ereignisse und Absichten ausdrücken können, wissen Sie. Sie müssen in diesem Fall die Präposition *a* und ein weiteres Verb im Infinitiv folgen lassen:

¿Ya está Kristina? – No, pero ***va a llegar*** *ahora.*
Ist Kristina schon da? – Nein, aber sie **wird gleich kommen**.

Etwas Ähnliches gibt es auch für die Vergangenheit.

2.2 *Acabar de*: für gerade Geschehenes

Nach demselben Prinzip können Sie auch Ereignisse ausdrücken, die kurz zuvor passiert sind. Sie brauchen dazu nur das (regelmäßige) Verb *acabar* (normalerweise «beenden», «enden» etc.) und die Präposition *de*:

¿Ya está Kristina? – Sí, ***acaba de llegar****.*
Ist Kristina schon da? Ja, sie ist **gerade angekommen**.

Eine Vergangenheitszeit ist – wie Sie sehen – nicht erforderlich. Stattdessen steht wiederum eine Infinitivkonstruktion mit *acabar*. Das kurz zurückliegende Geschehen (die Ankunft) steht im Infinitiv *(llegar)*.

Aber Vorsicht: Wenn Sie *acabar* de verneinen, hat es eine ganz andere Bedeutung:

No acabo de comprender *este problema.*
Ich verstehe dieses Problem einfach nicht!

Denn *no acabar de hacer algo* bedeutet «mit etwas (einfach) nicht fertig werden»!

Übung

Geben Sie die folgenden Sätze bitte in Spanisch wieder:

1. Ich sehe dich nicht.

   ______________________________.

2. Ich rufe dich an.

   ______________________________.

3. Kannst du mich anrufen?

   ______________________________.

4. Ich freue mich, euch kennenzulernen.

   ______________________________.

5. Diese Stadt gefällt uns nicht.

   ______________________________.

6. Gefällt Ihnen unsere Stadt?

   ______________________________.

7. Kannst du mir deine Adresse *[la dirección]* geben?

   ______________________________.

8. Kannst du uns deine Adresse geben?

   ______________________________.

9. Ich gebe euch meine Adresse.

   ______________________________.

10. Ich suche dich.

    ______________________________.

11. Das Haus scheint uns sehr gut [zu sein].

    ______________________________.

12. Aber es interessiert uns nicht.

    ______________________________.

■ SLE 23: Reflexive Verben

Was Sie schon kennen: das Verb *llamarse.*

Das erste reflexive Verb tauchte gleich zu Beginn Ihres Spanischkurses auf: *llamarse*. Sie brauchten es, um sich vorstellen oder andere nach ihrem Namen fragen zu können:

*¿Cómo se llama usted? – **Me** llamo María Jiménez.*
Wie heißen Sie? – Ich heiße María Jiménez.

Etwas später erfuhren Sie, dass es zu *llamarse* auch ein nicht reflexives «Gegenstück» gibt, nämlich llamar («rufen», auch: «anrufen», «telefonieren»):

***Llamo** por su anuncio en el periódico.*
Ich rufe wegen Ihrer Anzeige in der Zeitung an.

Llamarse heißt also eigentlich «sich rufen». Nun ja, wenn einer sich (selbst) Don Quijote ruft, dann heißt er eben auch so!

Womit wir bei der Frage wären: Was ist eigentlich ein reflexives Verb? Wozu dient es? Was kann man damit ausdrücken? Sehen wir uns einmal ein «echtes» reflexives Verb an, eines, das auch im Deutschen reflexiv ist: *lavarse*, «sich waschen».

*Kristina **se lava** en el cuarto de baño.* — Kristina **wäscht sich** im Badezimmer.

Worum geht es? Hier wäscht sich Kristina (selbst) und nicht jemand anderen oder etwas anderes. Die Aussage des Verbs, das Waschen, bezieht sich also auf das **Subjekt** des Satzes zurück (das ja vorher kam), nämlich auf Kristina. Sie selbst ist es, die eine «Waschtätigkeit an sich selbst» (Deutsch für Bürokraten, Band I) vornimmt.

Wenn ich dagegen sage

*Ana **lava** al pequeño Juan.* — Ana **wäscht** den kleinen Juan.

dann wäscht die Mutter ihren kleinen Dreckspatz, nachdem er sich draußen ausgetobt hat. Die Aussage des Verbs, besagte Tätigkeit in Sachen Körperpflege, bezieht sich jetzt auf das **Objekt** des Satzes, den Knaben Juan. Er ist es, der einer Reinigungsprozedur unterzogen wird.

Reflexive Verben sind also (im Prinzip) rückbezügliche Verben (so kann man sie übrigens auch nennen), denn sie beziehen ihre Aussage auf ihr Subjekt zurück – und nicht (wie die anderen Verben) «weiter» auf ein nachfolgendes Objekt.

1. Reflexive Verben im Spanischen

Wie so oft begegnen Ihnen bei Ihrem Spaziergang durch die spanische Grammatik alte Bekannte. Wenn Sie das Grundprinzip nämlich erst einmal verstanden haben, brauchen Sie (fast) nur noch Bekanntes miteinander kombinieren.

¿A qué hora ***te levantas****?–* ***Me levanto*** *siempre a las siete.*
Um wie viel Uhr stehst du auf (wörtlich: erhebst du dich)? – Ich stehe immer um sieben auf.

¿Y Kristina? – Ella ***se levanta*** *a las ocho.*
Und Kristina? Sie steht um acht auf.

Zu der eigentlichen Verbform (hier *levanto*) tritt bei den reflexiven Verben das Reflexivpronomen (*me/te/se/nos/os/se*). Ansonsten sehen reflexive Verben genauso aus wie die «normalen». Aber auch die Reflexivpronomen haben Sie zum größten Teil bereits kennengelernt, nämlich als Objektpronomen:

*¿****Te*** *gusta tu trabajo? – No, no* ***me*** *gusta.*
Gefällt dir deine Arbeit? – Nein, sie gefällt mir nicht.

Neu ist also lediglich das *se* für die 3. Person Einzahl und Mehrzahl.

Hier alle Formen eines reflexiven Verbs in der Übersicht:

lavarse		
(yo)	***me***	*lavo*
(tú)	***te***	*lavas*
(él/ella/Vd.)	***se***	*lava*
(nosotros/-as)	***nos***	*lavamos*
(vosotros/-as)	***os***	*laváis*
(ellos/ellas/Vds.)	***se***	*lavan*

Der Rest ist im Grunde geschenkt: Natürlich steht das Reflexivpronomen (genau wie jedes Objektpronomen) in Aussagesätzen vor dem Verb, natürlich wird es in die Verneinung mit einbezogen:

La pequeña Pilar ***se lava*** *en el cuarto de baño,*
pero el pequeño Juan ***no se*** *lava.*
Die kleine Pilar wäscht sich im Badezimmer,
aber der kleine Juan wäscht sich nicht.

Ebenso natürlich wird das Pronomen beim Infinitiv angehängt:

Emilio tiene ***que levantarse*** *a las ocho.* — Emilio muss um 8 Uhr aufstehen.

Auch in diesem Fall wird es natürlich an die Person des Subjektes angepasst:

*No quiero levantar**me** a las seis.* — Ich will nicht um sechs aufstehen.

☝ Wenn Sie es noch genauer wissen wollen ...

2. Reflexive Verben und ihr «Gegenstück»

Sie haben natürlich längst bemerkt, dass nicht alle reflexiven Verben in demselben engen und strengen Sinne rückbezüglich sind wie *lavarse* (man wäscht sich selbst bzw. etwas anderes). Schon *llamarse* ist zwar im Spanischen, nicht aber im Deutschen reflexiv und hat eine andere Bedeutung als *llamar*, dasselbe gilt für *levantarse* («aufstehen», eigentlich: «sich erheben»), *quedarse* («bleiben», «verweilen») und andere.

Eine Reihe von Verben sind also im Spanischen reflexiv, nicht aber im Deutschen. Aber auch der umgekehrte Fall kommt vor:

*La puerta **se** abre – y entra el ladrón.*
Die Tür **geht** auf – und herein tritt der Dieb.

Kristina no ha cambiado. — Kristina hat **sich** nicht verändert.

Weitere Beispiele:

*callar**se***	schweigen
*casar**se***	heiraten

... und umgekehrt:

cambiar	u.a. sich ändern, sich wandeln
diferir de	u.a. sich unterscheiden (von)
girar	u.a. sich (um)drehen

Solche Verben sollten Sie sich besonders gründlich einprägen.

Dafür können Sie in anderer Hinsicht Lernarbeit sparen. Zu den meisten reflexiven Verben gibt es nämlich ein «normales», nicht reflexives «Gegenstück», dessen Bedeutung Sie oft ohne weiteres verstehen, wenn Sie das entsprechende Pendant kennen. Sie erinnern sich: *lavar* «jemanden waschen», «etwas säubern», *lavarse*, «sich waschen». Dieses Spiel lässt sich fortsetzen.

Bei einem Teil dieser «Verbpärchen» stimmt die Bedeutung dem Sinn nach vollkommen überein:

mirarse sich betrachten	*mirar* jmd./etw. betrachten, ansehen etc.
divertirse sich amüsieren	*divertir a u.p.* jmd. unterhalten, amüsieren

Bei einigen anderen sind die Bedeutungen so ähnlich, dass man sie ohne weiteres ableiten kann:

llamarse heißen	*llamar a u.p.* jmd. rufen, anrufen
levantarse aufstehen (sich erheben)	*levantar* aufheben, errichten u.a.
despertarse aufwachen (sich selbst wecken)	*despertar a u.p.* jmd. wecken

Wieder andere unterscheiden sich in der Bedeutung allerdings so stark, dass man beide Bedeutungen lernen muss:

abrirse aufgehen, sich öffnen	*abrir* öffnen	*apagarse* (Licht) ausgehen	*apagar* auslöschen (Licht)ausmachen
cerrarse sich schließen	*cerrar* ver-, zuschließen	*encenderse* (Licht) angehen	*encender* anzünden, entzünden
irse **fort**gehen	*ir* gehen, fahren ...	*dormirse* **ein**schlafen	*dormir* schlafen
quedarse verweilen	*quedar* übrig-, zurückbleiben		

Manchmal haben die reflexive und die nicht reflexive Version auch (nahezu) dieselbe Bedeutung. So heißt *verstirse* natürlich «sich anziehen», «sich kleiden», *vestir a u.p.* «jmd. ankleiden». Andererseits wird *vestir* auch in der Bedeutung «Kleidung tragen» gebraucht – und hat dann praktisch dieselbe Bedeutung wie *vestirse*:

Viste como quieras[1]. — Kleide **dich** wie du willst!

3. Mehr über den Gebrauch der Reflexivpronomen

Manche reflexive Formen kann man im Spanischen auch noch in anderer Bedeutung gebrauchen. So findet sich an Häusern, Autos oder anderen Gegenständen manchmal die folgende Inschrift:

(Este coche) ***se vende****.* — (Dieses Auto) wird verkauft.

1 *Quieras* ist eine Form des *Subjuntivo*. Weiteres dazu in SLE 27.

Hier vertritt das Verb zusammen mit dem Reflexivpronomen ganz offensichtlich ein Passiv. Wörtlich übersetzen lässt sich dieser Satz natürlich nicht.

Oft werden auch Sätze mit einem unbestimmten Subjekt (im Deutschen «man») durch eine reflexive Form ausgedrückt:

En el sur de España ***se come*** *muy tarde.*
Im Süden Spaniens isst **man** sehr spät.

Beliebt sind auch Floskeln wie:

¿Se puede? — (etwa:) Ist es erlaubt?

Man benutzt diesen Satz etwa, wenn man irgendwo höflich anklopft. Folgt noch ein Verb (eventuell mit Ergänzungen), dann kann man so auch fragen, ob etwas erlaubt oder möglich ist (vgl. SLE 15.2).

Oft drücken Verben mit Reflexivpronomen auch eine Gegenseitigkeit, eine Art «Wechselbeziehung» aus:

La señora Jiménez y la señora López ***se saludan*** *siempre en la calle.*
Frau Jiménez und Frau López grüßen sich immer (gegenseitig) auf der Straße.

Luego ***se hablan*** *un poco.*
Dann reden sie ein wenig miteinander.

Dem deutschen Wort «gegenseitig» oder «miteinander» entspricht dann ein spanisches Verb mit Reflexivpronomen.

Übung

1. *(levantarse): Luis* __________ *a las siete. ¿Y tú?*
   *—*_________ *a las siete y media.*
   Ana y Pilar ¿a qué hora ____________*?*
   — ______________ *a las ocho.*

2. *(despertar/despertarse):* [wecken / wach werden]: *Carmen* _____________ *a las siete.*
   A las siete y media _________ *a Luis:*

3. *(acostar/acostarse)* [zu Bett bringen / zu Bett gehen]*: A las ocho* ____________ *a sus niños.*
   ________________ *a las once y media.*

4. *(lavarse/ducharse/secarse* [sich abtrocknen] */afeitarse/mirarse* [sich betrachten]:
   Todas las mañanas. tengo que ______________*, me* _________________*,*
   ____________*,* _______________*los dientes* [die Zähne]*, y entonces* ________________*.*
   No me gusta _____________ *en el espejo* [Spiegel].

5. *(ir/irse)*
   A las ocho, Kristina ______________ *para* ______________ *a la universidad.*

■ SLE 24: 1. Sätze mit zwei Objektpronomen
2. Gebrauch von *todo*

1. Sätze mit zwei Objektpronomen

1.1. Was Sie schon kennen: die Objektpronomen.

In den Selbstlerneinheiten 21 und 22 haben wir Sie mit den Objektpronomen beschäftigt:

*Visito **a Kristina**.* ***La** visito.* Ich besuche Kristina. Ich besuche sie.	*Doy un libro **a Kristina**.* ***Le** doy un libro.* Ich gebe Kristina ein Buch. Ich gebe ihr ein Buch.

Der linke Satz enthält ein **direktes Objekt**: Bei einer Sache (z.B. *Visito Sevilla*) würde keine Präposition stehen, und ich kann es – meistens – mit «wen oder was?» erfragen («Wen besuchst du?» / «Was besichtigst du?»). Der rechte Satz hat ein **indirektes Personen-Objekt** – das meistens dem deutschen Dativ («wem?») entspricht («Wem gibst du das Buch?»). Die Objektpronomen für das direkte Objekt sind ***le***, ***lo*** und ***la*** in der Einzahl beziehungsweise ***les***, ***los*** und ***las*** für die Mehrzahl. Wobei Sie ***le*** und ***les*** nur für männliche Personen benutzen können, *lo* und *los* für männliche Gegenstände (aber auch Personen), *la* und *las* für weibliche Gegenstände und Personen. Für indirekte Objekte gibt es nur *le* im Singular und *les* im Plural.

Neben diesen Objektpronomen für die 3. Person gibt es weitere für die 1. und 2. Person. Hier wird nicht zwischen direktem und indirektem Objekt unterschieden: Es heißt in allen Fällen *me, te, nos, os*:

*¿**Te** gusta Sevilla? – Sí, **me** gusta mucho.*
Gefällt **dir** Sevilla? – Ja, es gefällt **mir** sehr.

*Sevilla **le** gusta también a mi novia.* — Sevilla gefällt auch meiner Freundin.
*¿Podemos ver**nos** hoy?* — Können wir **uns** heute sehen?

Dass sämtliche Objektpronomen beim Infinitiv an die jeweilige Verbform gehängt werden, haben Sie bestimmt nicht vergessen.
Hier noch einmal sämtliche Objektpronomen auf einen Blick:

für **direkte** Objekte:	für **indirekte** Objekte:
me	***me***
te	***te***
le, lo, la	***le***
nos	***nos***
os	***os***
les, los, las	***les***

1.2. Sätze mit zwei Objektpronomen: Person vor Sache!

Es kommt aber gar nicht so selten vor, dass in ein und demselben Satz zwei solche Pronomen aufeinander treffen: «Kannst du es mir bitte geben?» (gemeint: das Buch) oder: «Ich hab's dir doch ganz deutlich gesagt!» Dann kommen im Spanischen natürlich – im Prinzip – dieselben Pronomen zum Einsatz, man muss nur ein paar Kleinigkeiten beachten.

In den allermeisten Fällen trifft ein Pronomen für eine Person auf ein Pronomen für eine Sache (als direktes Objekt):

*¿**Me** das el libro? – Sí, **te lo** doy.*
Gibst **du mir** das Buch? – Ja, ich gebe **es dir**.

*¿**Nos** dais las pastillas? – Sí, **os las** damos.*
Gebt **ihr uns** die Tabletten? – Ja, wir geben **sie** euch.

Sie müssen dann daran denken, das Pronomen für die Person(en) vor das Pronomen für die Sache(n) zu setzen. Handelt es sich bei den Pronomen für die Personen um solche der 1. und 2. Person, sieht die Sache folgendermaßen aus:

Me lo *da.*	***Me los*** *da.*	***Me la*** *da.*	***Me las*** *da.*
Te lo *da.*	***Te los*** *da.*	***Te la*** *da.*	***Te las*** *da.*
Nos lo *da.*	***Nos los*** *da.*	***Nos la*** *da.*	***Nos las*** *da.*
Os lo *da.*	***Os los*** *da.*	***Os la*** *da.*	***Os las*** *da.*

Als Faustregel gilt: Person vor Sache! Sie setzen also zuerst *me, te, nos* oder *os,* danach *lo, los* bzw. *la, las.*

Eine Besonderheit tritt auf, wenn zwei Pronomen der 3. Person aufeinander treffen – wir hatten Sie in SLE 22 kurz darauf hingewiesen. In diesem Fall müsste laut Regel zuerst ein *le* oder *les* stehen und danach, an zweiter Stelle *lo, los* oder *la, las*. Das ist aber nicht der Fall: *le* oder *les* werden durch ein ***se*** ersetzt:

*¿**Le** das el libro a Ana? – Sí, **se lo** doy.*
Gibst du Ana das Buch? – Ja, ich gebe es ihr.

Das *lo* für *el libro* steht an gewohnter (zweiter) Stelle. Davor, wo man eigentlich ein *le* erwarten würde, steht aber *se*. Die Folge *le*(*s*) + *lo*(*s*) beziehungsweise *le*(*s*) + *la*(*s*) ist also im Spanischen nicht vorgesehen – in allen diesen Fällen kommt an die erste Stelle ein *se*, das mit dem gleich aussehenden Reflexivpronomen (*Me levanto siempre a las siete*) nichts zu tun hat. Sie dürfen also an dieser Stelle keinesfalls an eine Bedeutung wie «sich» oder dergleichen denken.

«Ich gebe es ihm/ihr», «Ich gebe sie ihnen» oder dergleichen lauten im Spanischen immer:

Se *lo doy.*	***Se*** *los doy.*	***Se*** *la doy.*	***Se*** *las doy.*

Wobei dieses *se*, wie gesagt, sowohl die Einzahl *le* als auch die Mehrzahl *les* vertritt.

Beim Infinitiv werden natürlich auch die zwei Pronomen angehängt:

*¿Puedes dar**me** el plano de la ciudad? – Sí, puedo dár**telo**.*
Kannst du **mir** den Stadtplan geben? – Ja, ich kann **ihn dir** geben.

Wie immer muss dann ein **Akzent** gesetzt werden, damit sich die Betonung (durch Anhängen zweier neuer Silben: *-telo*) nicht verschiebt.

☝ Wenn Sie's noch genauer wissen wollen ...

Sobald zwei 3. Personen aufeinander treffen, wobei *le/les* zu *se* werden, treten wieder jene «Bezugsprobleme» auf, die Sie bereits im Zusammenhang mit den Possessivbegleitern kennengelernt haben (vgl. SLE 14). So kann ein Satz wie dieser ganz unterschiedliche Bedeutungen haben:

Se lo doy.	*(lo = el libro)*
Ich gebe es ihm/ihr.	[3. Person Singular]
Ich gebe es ihnen.	[3. Person Plural]
Ich gebe es Ihnen.	[Höflichkeitsform Singular/Plural]

Die genaue Bedeutung lässt sich dann nur aus dem Zusammenhang erkennen. Wenn das den Spaniern zu vage wird, setzen sie zur Verdeutlichung ein Personalpronomen hinzu:

*Se lo doy a **él/ella**.*	*Se lo doy a **ellos/ellas**.*	*Se lo doy a **Vd./Vds**.*

Rein theoretisch könnten auch zwei Pronomen für Personen aufeinander treffen: «Kannst du mich Herrn López vorstellen?» – «Ja, ich kann dich ihm vorstellen.» Dieser Fall wird jedoch vermieden. Man setzt stattdessen das betonte Personalpronomen[1].

2. Gebrauch von *todo*

Das Wörtchen *todo* hat verschiedene Bedeutungen, die wir bei dieser Gelegenheit, «auseinander sortieren» wollen.

2.1. *Todo* als Adjektiv: «ganz», «alle», «jede/r»

Oft wird *todo* als **Adjektiv** verwendet. Es bezieht sich dann auf ein Substantiv und wird angeglichen:

*Kristina está **todo el día** en la universidad.*
Kristina ist **den ganzen Tag** an der Uni.

***Toda la semana** trabaja en la biblioteca.*
Die ganze Woche über arbeitet sie in der Bibliothek.

1 Es entspricht in den meisten Formen den «normalen» Personalpronomen, die Sie kennen (vgl. SLE 1 und 4). Nur in der 1. und 2. Person Einzahl heißt es statt *yo **mí*** und statt *tú **ti***. Mehr dazu in Band II.

Wenn ein **bestimmter Artikel** folgt, bedeutet *todo/toda* in der Einzahl «ganz». Worauf Sie achten sollten: Im Deutschen steht der bestimmte Artikel am Anfang der Wortgruppe («die ganze Woche»), im Spanischen aber hinter der Form von *todo/toda*: *toda **la** semana* etc.

Natürlich gehört vor ein maskulines Substantiv die männliche (*todo*), vor ein weibliches die feminine Form (*toda*).

Ohne bestimmten Artikel im Gefolge hat *todo/toda* die Bedeutung «jeder», «jede» etc.:

> ***Todo turista** que viaja a Galicia visita la catedral de Santiago.*
> **Jeder** Tourist, der nach Galizien reist, besichtigt die Kathedrale von Santiago.

Der **Plural** (*todos/todas*) hat die Bedeutung «alle» (manchmal auch «jede/r»). Wieder folgt (meistens) ein bestimmter Artikel:

> *De momento, **todos los estudiantes** están de vacaciones.*
> Zurzeit sind **alle Studenten** in Ferien.

Hier weicht der spanische Satz noch stärker von seinem deutschen Gegenstück ab als im Singular: *todos los estudiantes*, aber: «alle Studenten». Sie müssen also einen bestimmten Artikel setzen, der im Deutschen nicht vorkommt.

2.2. *Todo* ohne Substantiv: «alles»

Wenn *todo* ohne Substantiv steht, hat es meistens die Bedeutung «alles». Es ist dann unveränderlich:

> *¿Es **todo**? – Eso es, es **todo**.*
> Ist das alles? – Ja, das ist alles.

☝ Wenn Sie's noch genauer wissen wollen ...

Beim adjektivischen *todo* kann anstelle eines bestimmten Artikels auch ein **Possessiv-** oder **Demonstrativbegleiter** folgen:

> *Javier pasa casi toda **su** vida en el bar.*
> Javier verbringt fast **sein ganzes** Leben in der Kneipe.
>
> *Kristina debe leer todos **estos** libros.* — Kristina muss **alle diese** Bücher lesen.

Die Reihenfolge ist dieselbe wie beim bestimmten Artikel: zuerst die Form von *todo*, dann der Possessiv- oder Demonstrativbegleiter (*... toda **su** vida, ... todos **estos** libros*) und zu guter letzt das Substantiv.

Übungen

A. Ersetzen Sie bitte die Objekte durch Pronomen:

1. *¿Me das tu bolso?*
   —Sí, ______________.
   —No, no puedo ______________.

2. *¿Me das tu tarjeta de invitación* [Visitenkarte]*?*
   —Sí, ______________.
   —No, no puedo ______________.

3. *Camarero, por favor, ¿puede traerme una cerveza?*
   —Sí, señor, ______________ traigo en seguida.

4. *¿Puede traerme también una sopa?*
   —Sí, ______________ traigo en seguida.

5. *¿Nos dais los planos de la ciudad?*
   —Sí, ______________ damos ahora mismo.

6. *Medio kilo de queso* [Käse]*, por favor.*
   —______________ doy en seguida.
   —No puedo dar______. No queda nada.

7. *¿Puede Vd. explicarme este problema por favor?*
   —Pero ya ______________ he explicado.
   —Voy a explic________ / explic_________ mañana.

B. Geben Sie die folgenden Sätze bitte in Spanisch wieder:

1. Sagst du es mir?
   ________________________.

2. Sagt sie es dir?
   ________________________.

3. Ich habe es dir gesagt.
   ________________________.

4. Ich habe es Ihnen gesagt.
   ________________________.

5. Ich werde es dir sagen.
   ________________________.

6. Ich werde es Ihnen sagen.
   ________________________.

7. Ich werde es Ihnen nicht sagen.
   ________________________.

8. Ich habe es Ihnen nicht gesagt.
   ________________________.

C. Ergänzen Sie bitte *todo* ...

1. *___________ domingos, ___________ familia ve una película. ___________ película no gusta a Ana.*
2. *___________ amigos están en el bar.*
3. *___________ niños del barrio* [Stadtviertel] *juegan en este parque.*
4. *___________ coches se venden.*
5. *Tienes que leer ___________ libro.*

■ SLE 25: Befehlsformen (Imperative)

Was Sie (bestimmt) schon wissen ...

Auch wenn Sie gar keine Lust haben, jemanden herumzukommandieren, kann Ihre Äußerung aus einer ganzen Serie von Imperativen (Befehlsformen) bestehen – es genügt schon, dass Sie jemandem einen Weg beschreiben: «Gehen Sie zuerst geradeaus und nehmen Sie dann die Erste rechts!» oder Sie bitten in einem Lokal höflich um die Speisekarte («Bringen Sie mir doch bitte ...»). Wir müssen uns also näher mit den Befehlsformen befassen.

Da gibt es einmal die **Du-Befehle**, die sich an eine Person richten, die ich duze («Komm!» oder «Kommt!») und – entsprechend – die **Sie-Befehle** («Kommen Sie»). Darüber hinaus können solche Befehle **bejaht oder verneint** sein («Kommt!» ⇨ «Kommt nicht!») Zu guter Letzt existiert im Spanischen noch eine Art von Befehl, in den sich die sprechende Person selbst mit einbezieht und den wir im Deutschen nur umschreiben können («Wir wollen singen!» oder «Lasst uns singen!»).

1. Die bejahten Du-Befehle: problemlos abzuleiten.

Du-Befehle in der Einzahl sind ganz einfach zu bilden:

*¡Pregunt**a** a Kristina!* — Frag' Kristina.
*¡L**ee** este libro!* — Lies' dieses Buch!
*¡Escrib**e** una carta!* — Schreib' einen Brief!

Wie ein **Du-Befehl in der Einzahl** abgleitet wird, ist leicht zu erkennen: Er entspricht der 3. Person Singular:

*pregunt**ar*** ⇨ *pregunt**a***
*le**er*** ⇨ *le**e***
*escrib**ir*** ⇨ *escrib**e***

Nicht viel komplizierter ist der **Du-Befehl in der Mehrzahl**:

*¡Pregunt**ad** a Kristina!* — Fragt Kristina.
*¡L**eed** este libro!* — Lest dieses Buch!
*¡Escrib**id** una carta!* — Schreibt einen Brief!

Die Endungen sind diesmal ***-ad*** (bei den Verben auf *-ar*), ***-ed*** (bei den Verben auf *-er*) und ***-id*** (bei den Verben auf *-ir*).

*pregunt**ar*** ⇨ *pregunt**ad**.* — Fragt!
*le**er*** ⇨ *le**ed**.* — Lest!
*escrib**ir*** ⇨ *escrib**id**.* — Schreibt!

2. Die bejahten Sie-Befehle: In der Endung wird ein Vokal ausgetauscht.

Etwas komplizierter sind die **Sie-Befehle**: Zunächst müssen Sie daran denken, dass wir im Deutschen bei den Sie-Formen nicht zwischen Singular und Plural unterscheiden. Im Spanischen geschieht das sehr wohl (vgl. SLE 4), weswegen es immer zwei Sie-Befehle gibt: einen, der sich an eine einzige gesiezte Person richtet und einen weiteren für mehrere gesiezte Personen:

*¡Pregunt**e** (Vd.) al profesor! ¡Pregunt**en** (Vds.) al profesor!*
Fragen **Sie** [Einzahl oder Mehrzahl] den Professor!

Wie kommen diese beiden Sie-Befehle zustande? Sie erinnern im Grunde stark an die 3. Personen (Singular und Plural) des Präsens. Lediglich der letzte Vokal ist ausgetauscht worden – aus *a* wird *e*:

*pregunt**a** ⇨ pregunt**e***	*pregunt**an** ⇨ pregunt**en***

Das hängt damit zusammen, dass der Sie-Befehl vom *subjuntivo*, dem spanischen Konjunktiv, abgeleitet wird. Im Grunde genommen drückt der Sie-Befehl nichts anderes aus als einen Wunsch (etwa: «Wollen Sie bitte fragen»): Wenn man jemanden siezt, ist man eben höflicher und äußert anstelle eines Befehls einen Wunsch (der aber faktisch als Befehl verstanden wird).

Bei den Verben auf *-ar* wird das *a* in der Endung zu *e*. Dasselbe Prinzip gilt für die regelmäßigen Verben auf *-er* und *-ir*:

*¡Le**a** (Vd.) este libro! ¡Le**an** (Vds.) este libro!*
Lesen Sie dieses Buch!

*¡Escrib**a** (Vd.) una carta! ¡Escrib**an** (Vds.) una carta!*
Schreiben Sie einen Brief!

Mit dem einzigen Unterschied, dass hier in der Endung ein *e* vorkommt, das zu *a* wird:

*le**e** ⇨ le**a*** *le**en** ⇨ le**an***	*escrib**e** ⇨ escrib**a*** *escrib**en** ⇨ escrib**an***

3. Die verneinten Befehle: im Prinzip wie die Sie-Befehle

Ähnlich wie die Sie-Befehle funktionieren alle **verneinten Befehle** – auch sie sind im Grunde verkappte Wünsche. Und wieder wird im Prinzip nur ein Vokal ausgetauscht.

3.1. Die verneinten Du-Befehle

Ausgangsbasis für die **verneinten Du-Befehle** sind (logischerweise) die 2. Personen (Singular und Plural). Dabei wird in der Endung wieder ein Vokal ausgetauscht – nach exakt demselben Muster wie bei den Sie-Befehlen:

*¡No pregun**tes** al profesor!* *¡No pregun**téis** al profesor!*
Frag'/Fragt den Professor nicht!

Aus *pregunt**a**s* wird also (*no*) *pregunt**e**s*, und aus *preguntá**is*** diesmal (*no*) *pregunt**é**is*. Dasselbe gilt für die *er*-Verben und (mit einer kleinen Variante) die Verben auf *ir*:

*¡No le**as** este libro! ¡No le**áis** este libro!*
Lies/Lest dieses Buch nicht!

*¡No escrib**as** esta carta! ¡No escrib**áis** esta carta!*
Schreib/Schreibt diesen Brief nicht!

Wieder findet derselbe Vokalaustausch wie bei den bejahten Sie-Befehlen statt: Aus *lees* wird (*no*) *le**a**s*, aus *leéis* natürlich (*no*) *le**á**is*. Eine kleine Variante ist allerdings bei den *ir*-Verben fällig: Dort verwandelt sich zwar *escribes* «planmäßig» in (*no*) *escrib**a**s*, bei der 2. Person Plural wird aber zusätzlich ein *a* eingefügt: *escribís*, aber: (*no*) *escrib**á**is*.

3.2. Die verneinten Sie-Befehle

Die **verneinten Sie-Befehle** sind nun wirklich kein Problem mehr, denn es stehen ganz einfach dieselben Formen wie beim positiven Sie-Befehl – mit dem üblichen *no* davor:

***No** pregunte (Vd.) al profesor!* *¡**No** pregunten (Vds.) al profesor!*
Fragen Sie den Professor nicht!

*¡**No** lea(n) esta carta, por favor!* — Lesen Sie bitte diesen Brief nicht!
*¡**No** escriba(n)!* — Schreiben Sie nicht!

4. Der Befehl mit «Selbsteinschluss»: zwei Möglichkeiten

4.1. Umschreibung: mit Hilfe des Verbs *ir*

Auch der **Befehl, in den man sich selbst mit einbezieht** («Lass[t] uns ...», «Wir wollen ...»), wird eigentlich vom *subjuntivo* abgeleitet. Man kann ihn allerdings genial umschreiben – und zwar durch einen Ausdruck mit *ir* («gehen»):

***Vamos a** escribir una carta.*
Lasst uns / Wir wollen einen Brief schreiben.

Man nimmt die 1. Person Plural von *ir* (bekanntlich *vamos)*, lässt die Präposition *a* folgen und dann das eigentliche Verb im Infinitiv:

Wir-Form von *ir* («gehen»)	+ Präposition *a*	+ Verb im Infinitiv.
Vamos	***a***	***escribir ...***

Wenn Sie's genauer wissen wollen ...

4.2. Der «richtige» Wir-Befehl: Vokalwechsel wie gehabt

Und wenn Sie nun doch die «richtige» Befehlsform setzen wollen? Dann wechseln Sie wieder den Vokal aus – nach demselben Schema wie gehabt:

*¡Pregunt**emos** al profesor!* — Lass(t) uns / Wir wollen den Professor fragen!
*¡Le**amos** este libro!* — Lass(t) uns / Wir wollen dieses Buch lesen!
*¡Escrib**amos** una carta!* — Lass(t) uns / Wir wollen einen Brief schreiben!

Hier beide Formen (die1. Person Plural Präsens und der «Wir-Befehl») noch einmal im Vergleich:

1. Person Plural (Präsens)		**Wir-Befehl**
*pregunt**amos***	⇨	*pregunt**emos***
*le**emos***	⇨	*le**amos***
*escrib**imos***	⇨	*escrib**amos***

Sich das alles gut einzuprägen lohnt übrigens doppelt, denn es sind – wie gesagt – Formen des spanischen Konjunktivs (die Sie damit bereits fast alle kennen).

5. Unregelmäßige Imperativ-Formen

Bei einigen unregelmäßigen Verben sind auch die Imperativ-Formen unregelmäßig – Sie können sie also nicht ableiten, sondern müssen sie sich einprägen. Hier nur einige Beispiele:

Verb	**Du-Befehle**		**Sie-Befehle**	
	Einzahl:	Mehrzahl:	Einzahl:	Mehrzahl:
ser	***sé***	*sed*	***sea***	***sean***
estar	*está*	*estad*	*esté*	*estén*
ir	*ve*	*id*	***vaya***	***vayan***
tener	***ten***	*tened*	*ten**ga***	*ten**gan***

Vielleicht erinnern Sie sich an die alten Schnulze mit dem frommen Wunsch *Vaya con Dios* («Gehen Sie mit Gott») im Refrain – gedankliche «Versatzstücke» dieser Art bewirken oft, dass man solch eine Form nicht mehr vergisst. Die übrigen Befehlsformen werden übrigens sinngemäß gebildet, also etwa *no vayas, no vayamos, no tengas* etc.

6. Objektpronomen und Reflexivpronomen beim bejahten Imperativ: Anhänger

Bezieht sich ein Objektpronomen oder ein Reflexivpronomen auf einen Infinitiv, so wird es bekanntlich angehängt.

Mucho gusto en conocer ***a tu amiga*** */mucho gusto en conocer****la****.*
(etwa:) Ich freue mich, deine Freundin kennenzulernen / sie kennenzulernen.

*Emilio tiene que levantar****se*** *a las ocho.* — Emilio muss um acht aufstehen.

Dieselbe Rolle als «Anhänger» übernehmen beide Pronomen auch beim bejahten Imperativ. Hier zunächst ein Beispiel mit Objektpronomen:

*¿Puedo llamar al señor López? – De acuerdo, lláma****le****/lláma****lo****.*
Kann ich Herrn López anrufen? – Einverstanden, ruf' ihn an.

Und wenn ich jemanden aus seinen Träumen scheuchen will, kann das in dieser Form geschehen:

¡Levántate! — Steh auf!

Die einzige Besonderheit: Bei diesen Formen taucht oft ein Akzent auf, damit die Betonung auf derselben Silbe bleibt wie bei der «einfachen» Form (ohne angehängtes Pronomen: *se lev**a**nta*).

Wird der Befehl verneint, steht das Objektpronomen wieder angewohnter Stelle, also vor dem Verb:

*¡**No te** levantes!* — Steh nicht auf!

Übungen

A. Bilden Sie bitte die Du-Befehle (Singular und Plural) zu folgenden Verben:

Comprar:	*Compra.*	*Comprad.*
Vender:	*Ven__.*	*Ve____.*
Alquilar:	*Alqu__.*	*Alqu____.*
Subir:	*Su__.*	*Su___.*
Visitar:	*Vis___.*	*Vis____.*
Tomar:	*Tom___.*	*Tom____.*
Ir:	______.	______.
Tener:	______.	______.

B. Verneinen Sie diese Befehle bitte:

Comprar:	*No compres.*	*No compréis.*
Vender:	________________	________________
Alquilar:	________________	________________
Subir:	________________	________________
Visitar:	________________	________________
Tomar:	________________	________________
Ir:	________________	________________
Tener:	________________	________________

C. Bilden Sie jetzt bitte die Sie-Befehle zu diesen Verben:

Comprar:	*Compre (Vd.).*	*Compren (Vds.).*
Vender:	________________.	________________.
Alquilar:	________________.	________________.
Subir:	________________.	________________.
Visitar:	________________.	________________.
Tomar:	________________.	________________.
Estar:	________________.	________________.
Tener:	________________.	________________.
Ser:	________________.	________________.

■ SLE 26: Steigerung von Adjektiven Mengenvergleiche

Was Sie (bestimmt) schon kennen: Komparativ und Superlativ.

Haben Sie sich schon einmal überlegt, dass das halbe Leben aus Vergleichen besteht? «Hinterbichlers haben ein dickeres Auto als Meisegeiers» – «Fritzchen ist nicht so intelligent wie Thusnelda» – und ich selbst bin natürlich der Größte (verdiene aber trotzdem viel weniger Geld als der Zahnarzt nebenan)! Genug der Vorurteile und Zeit, das Thema einmal auf Spanisch anzugehen ...

Sie wissen bestimmt, dass es bei der Steigerung von Adjektiven zwei Stufen gibt:

ein dickes Auto	ein dickeres Auto **Komparativ**	das dickste Auto **Superlativ**

Der **Komparativ** heißt so, weil man mit ihm vergleicht: «... intelligenter als ...», «... weniger intelligent als ...» «... genauso intelligent wie ...». Natürlich wird dieser Vergleich nicht immer ausgesprochen. Wenn ich sage: «Fritzchen ist nicht so intelligent», denke ich mir immer etwas dazu, etwa: «... wie die anderen Kinder in seiner Klasse.»

Der **Superlativ** drückt die höchste Stufe aus (er ist eben «super», alles überragend), z.B. «Ich bin der Größte (von allen)!» – wie ein großmäuliger Boxchampion einst von sich behauptete.

Komparativ und Superlativ kommen auch bei Mengen vor – wenn ich sage, dass der Zahnarzt nebenan mehr (Geld) verdient als ich (Komparativ), das meiste (Geld) überhaupt (Superlativ).

1. Der Komparativ bei Adjektiven

Folgen wir Kristina auf einem Marktbummel:

*Las manzanas son **más** baratas **que** las naranjas.*
Die Äpfel sind **billiger als** die Orangen.

Da haben Sie das ganze Prinzip auf einen Blick: Vor das Adjektiv kommt ein *más* (wörtlich: «mehr»), der Vergleich wird mit *que* angeschlossen. Natürlich dürfen Sie auch hier nicht vergessen, das Adjektiv (falls nötig) anzugleichen (... ***las** manzanas ... más barat**as***).

Wenn Sie in die «Gegenrichtung», ins Negative gewissermaßen, steigern wollen («... weniger teuer als ...»), brauchen Sie nur ein einziges Wort auszutauschen:

*Las manzanas **son** menos caras **que** las naranjas.*
Die Äpfel sind **weniger teuer als** die Orangen.

Also statt *más* («mehr»), *menos*, «weniger». Alles andere wie gehabt.

Manchmal möchte man auch einen Gleichstand ausdrücken («... ebenso teuer wie...»):

*Las naranjas son **tan** caras **como** las peras.*
Die Orangen sind **genauso teuer wie** die Birnen.

Natürlich müssen Sie wieder das erste Element auswechseln, diesmal steht *tan*. Allerdings wird der Vergleich hier mit *como* (ohne Akzent!) angeschlossen – ähnlich wie im Deutschen, wo es in diesem Fall ja auch «wie» statt «als» heißt.

2. Mengenvergleiche

Fast genauso werden Mengenvergleiche ausgedrückt:

*Carmen gana **más** dinero **que** Isabel.*
Carmen verdient **mehr Geld als** Isabel.

*Isabel gana **menos** dinero **que** Carmen.*
Isabel verdient **weniger Geld als** Carmen.

Vor das Substantiv kommen *más* oder *menos*, der Vergleich wird mit *que* angeschlossen.

Wir bleiben materialistisch und kommen zum «Gleichstand» in Sachen Geld:

*Pilar gana **tanto** dinero **como** Carmen.*
Pilar verdient **ebenso viel** Geld **wie** Carmen.

Statt *tan* heißt es diesmal *tanto*, alles andere ist wie gehabt (einschließlich des *como* beim Vergleich).

Allerdings müssen Sie *tanto/tanta* an das dazugehörige Substantiv angleichen:

*Kristina compra tant**as** manzan**as** como su amiga Ana.*
Kristina kauft ebenso viele Äpfel wie ihre Freundin Ana.

Statt auf ein Substantiv kann sich ein solcher Mengenvergleich auch auf ein Verb beziehen:

*Carmen gana **más** que Isabel.* — Carmen verdient **mehr** als Isabel.
*Isabel gana **menos** que Carmen.* — Isabel verdient **weniger** als Carmen.
*Pilar gana **tanto como** Carmen.* — Pilar verdient **(eben)so viel** wie Carmen.

Alles wie bisher – allerdings steht die Folge *más/menos* etc. hinter dem Verb.

3. Der Superlativ bei Adjektiven

Ein Superlativ entsteht, wenn zu der Folge *más/menos* + Adjektiv noch ein **bestimmter Artikel** (des Bezugswortes) tritt. Dabei gibt es zwei Varianten:

*Estos plátanos son **los más** baratos.* — Diese Bananen (hier) sind **die billigsten.**
*Kristina compra **los** plátanos **más** baratos.* — Kristina kauft **die billigsten** Bananen.

Bei der ersten Variante ist die Reihenfolge:
—> bestimmter Artikel (passend zum Substantiv *los plátanos*)
—> *más* oder *menos*
—> Adjektiv (*baratos*).

Alternativ steht die Folge bestimmter Artikel (*los*) —> Substantiv (plátanos) —> *más* oder *menos* —> Adjektiv (*baratos*). Hier ein Beispiel mit *menos*:

Esta revista es ***la menos interesante*** *(de todas).*
Diese Zeitschrift ist die **am wenigsten Interessante** (von allen).

Es gibt auch einen Superlativ ohne Substantiv als Bezugswort:

Esto es lo ***más/menos*** *importante.*
Dies ist **das wichtigste** / das **am wenigsten** wichtige.

Anstelle des maskulinen oder femininen bestimmten Artikels steht hier der neutrale (*lo*).

Neben dieser Form des Superlativs gibt es noch eine weitere. Sie findet sich zum Beispiel in folgendem Klageruf:

La vida está ***carísima.*** — Das Leben ist **sehr/äußerst teuer**.

Auch durch Anhängen der Silbe *-ísimo* bzw. *-ísima* (*cara* ⇨ *carísima*) an ein Adjektiv kann man eine Art Superlativ bilden, der einen hohen Grad («sehr/äußerst/extrem teuer» etc.) ausdrückt. Wenn das Adjektiv – wie bei unserem Beispiel – auf einen Vokal endet (*car**o***), fällt dieser weg (*car**í**simo/a*).

4. Superlative bei Mengenangaben

Über den Superlativ bei Mengenangaben ist wenig zu berichten: Er sieht nämlich genauso aus wie der Komparativ – es steht diesmal kein Artikel. Sie können also nur aus dem Zusammenhang erkennen, wie Sätze wie die Folgenden gemeint sind:

Carmen gana ***más dinero****, Isabel gana* ***menos dinero****.*
Carmen verdient **das meiste**, Isabel **das wenigste** Geld.
(aber auch: Carmen verdient mehr, Isabel weniger Geld.)

Carmen ***trabaja más****, Isabel* ***trabaja menos****.*
Carmen arbeitet **am meisten**, Isabel **am wenigsten**.
(aber auch: Carmen arbeitet mehr, Isabel weniger.)

Wobei sich der obere Superlativ (oder Komparativ) auf ein Substantiv (*dinero*), der untere auf ein Verb (*trabaja*) bezieht.

5. Unregelmäßig gesteigerte Adjektive

Einige wenige Adjektive haben für den Komparativ (bzw. Superlativ) eigene Formen. So könnte ein stolzer Winzer sagen:

*Nuestro vino es **mejor que** los otros. Es **el mejor** vino.*
Unser Wein ist **besser als** die anderen. Es ist **der beste** Wein.

Natürlich ist *mejor* die unregelmäßige Steigerung von *bueno/buena*. Im Komparativ und Superlativ sind die maskuline und die feminine Form allerdings gleich (z.B. *la mejor foto*), es gibt nur einen – regelmäßigen – Plural: *mejores*.

Ähnlich *malo/mala* («schlecht»). Hier heißt die Steigerungsform *peor* («schlechter», «schlimmer»).[1]

Wenn Sie mehr wissen wollen ...

6. Anschließen von Vergleichen

Manchmal umfasst der angeschlossene Vergleich einen ganzen Satz. Statt «Diese Wohnung kostet mehr als die andere» heißt es etwa: «Diese Wohnung kostet mehr als ich bezahlen kann». Dann kommen Sie mit einem schlichten *que* nicht aus, sondern müssen den Anschluss erweitern:

*Este piso cuesta más **de lo que** puedo pagar.*
Diese Wohnung kostet mehr als ich bezahlen kann.

*El vino es más dulce **de lo que** me gusta.*
Der Wein ist süßer als ich (es) mag.

Wenn sich der Vergleich auf ein Verb *(cuesta)* oder ein Adjektiv *(dulce)* bezieht, kommt vor das *que* kommt also noch *de lo: ... más (dulce) de lo que ...*

Noch etwas komplizierter wird der Satz, wenn sich Ihr Vergleich auf ein Substantiv bezieht:

*En el banco Kristina cambia más dólares **de los que** necesita.*
In der Bank tauscht Kristina mehr Dollars um, als sie braucht.

Wieder stehen *de*, ein bestimmter Artikel und *que*. Dieser bestimmte Artikel richtet sich aber nach dem Bezugswort (hier: *los dólares*), also heißt es ... *de **los** que necesita.*

Dabei verschmelzen *de* und *el* wie immer zu *del:*

---

1 Zu beiden gibt es auch eine regelmäßige Steigerung, die allerdings eine ganz andere Bedeutung hat: *más bueno/a* (z.B. «artiger», «braver») und *más malo/a* («ungezogener», «böser»). Ähnliches kommt bei einigen weiteren Adjektiven vor. Sie sollten diese Formen – wenn sie in einem Text auftauchen – als Vokabeln lernen.

En el banco Kristina cambia más dinero **del que** necesita.
In der Bar tauscht Kristina mehr Geld um, als sie braucht.

Diesmal ist das Bezugswort *el dinero*, und es heißt natürlich ... *del que necesita.*

7. Varianten

Statt *tan ... como* können Sie auch den Ausdruck *igual de* + Adjektiv benutzen:

La blusa azul ***es igual de cara*** *y le gusta más a Kristina.*
Die blaue Bluse ist genauso teuer und gefällt Kristina besser.

Dieses Satzmuster ist vor allem dann beliebt, wenn – wie bei unserem Beispiel – kein ausdrücklicher Vergleich («... genauso teuer wie ...») folgt. Das Adjektiv wird dabei wie immer angeglichen.

Anstelle von *tanto/a ... como* kann auch *el mismo número de ... que* (wörtlich: «... dieselbe Zahl wie» oder *la misma cantidad de ... que* (wörtlich: «... dieselbe Menge wie ...») stehen:

En el bar Kristina bebe **la misma cantidad de** vino que sus amigos.
In der Bar trinkt Kristina genauso viel (wörtlich: dieselbe Menge) Wein wie ihre Freunde.

Übung

Vergleichen Sie bitte ...

(Äpfel) *las manzanas* 3 €	(Birnen) *las peras* 2 €	(Trauben) *las uvas* 4 €
(Tomaten) *los tomates* 1,50 €	(Bananen) *los plátanos* 3 €	(Apfelsinen) *las naranjas* 3,50 €

1. *Las manzanas son _____ car ________ las peras.*
2. *Las peras son _____ car ____/____ bara__________ las manzanas.*
3. *Las uvas son ______ car ______________ las peras.*
4. *Las plátanos son ________________ manzanas.*
5. *Las naranjas son ______ caras _______ las peras.*
6. *Los tomates son ______ bar _________ los plátanos.*
7. *Las manzanas son ____________________ los plátanos.*

Ein paar klärende Worte vorweg ...

Der spanische Begriff macht es deutlich: Sie haben es wieder einmal mit einem Phänomen zu tun, das Sie nicht unbedingt vom Deutschen her angehen können. Hier eine kleine Kostprobe:

*Luis dice que **vive** en Barcelona.* — Luis sagt, er **wohne** in Barcelona.
*Ojalá el tren no **lleve** retraso.* — Hoffentlich **hat** der Zug keine Verspätung.

Die indirekte Rede unseres ersten Beispiels enthält in korrektem Deutsch einen Konjunktiv, im Spanischen dagegen bekanntermaßen einen Indikativ, ein schlichtes Präsens. Umgekehrt sieht es im zweiten Beispiel aus: Im Deutschen käme kein Mensch auf die Idee, nach «hoffentlich» etwas anderes als eine normale Gegenwartsform (oder sonst einen Indikativ) zu setzen – im Spanischen muss aber *Subjuntivo* stehen!

Deswegen: Auch wenn (vor allem in älteren Lehrbüchern und Grammatiken) der spanische *Subjuntivo* manchmal mit dem deutschen Konjunktiv gleichgesetzt wird: Beide haben kaum Berührungspunkte. Sie müssen das Problem also von der Logik des Spanischen her angehen.

Was Sie bereits kennen: Sie-Befehle und verneinte Befehle.

Die meisten Subjuntivo-Formen kennen Sie bereits: Sie entsprechen nämlich den Sie-Befehlen und den verneinten Befehlen (vgl. SLE 25) – beide sind bekanntlich nichts anderes als *Subjuntivo*-Formen.

*Camarero, **traigame** un vaso de vino por favor.*
Herr Ober, **bringen Sie** mir bitte ein Glas Wein!

*No te **preocupes**.* — **Mach' dir** keine Sorgen!

Sie erinnern sich wahrscheinlich auch noch, was Sie (bei den regelmäßigen Verben) tun müssen, um eine dieser *Subjuntivo*-Formen zu erhalten: Es genügt, in der Verb-Endung einen Buchstaben auszutauschen!

Verben auf *-ar*		Verben auf *-er*		Verben auf *-ir*	
Präsens	*Subjuntivo*	Präsens	*Subjuntivo*	Präsens	*Subjuntivo*
*tom**o***	*tom**e***	*com**o***	*com**a***	*viv**o***	*viv**a***
*tom**as***	*tom**es***	*com**es***	*com**as***	*viv**es***	*viv**as***
*tom**a***	*tom**e***	*com**e***	*com**a***	*viv**e***	*viv**a***
*tom**amos***	*tom**emos***	*com**emos***	*com**amos***	*viv**imos***	*viv**amos***
*tom**áis***	*tom**éis***	*com**éis***	*com**áis***	*viv**ís***	*viv**áis***
*tom**an***	*tom**en***	*com**en***	*com**an***	*viv**en***	*viv**an***

Bei den Verben auf **-ar** verwandelt sich das *a* in ein *e*. Bei den Verben auf *-er* oder *-ir* wird aus dem *e* oder *i* ein *a* – die Subjuntivo-Formen beider Verbgruppen sind also gleich. Das *o* der Ichform wird immer zu *e* oder *a*. Was eventuell sonst noch an Endung folgt, bleibt unverändert (z.B. *tom**amos*** —> *tom**emos***).

Einige Verben mit Lautveränderung in den Gegenwartsformen (beispielsweise *dormir* oder *pedir*) weisen kleinere Unregelmäßigkeiten auf, mit denen wir uns später (Band II) befassen wollen.

Darüber hinaus gibt es eine Reihe **unregelmäßiger Formen** – aber die meisten davon kennen Sie im Grunde längst. Man leitet sie nämlich von der Ichform ab! Hier eine kurze Übersicht:

	Subjuntivo	1. Person Singular
conducir:	*condu**zc**a*	(⇦ *condu**zco***)
decir:	*di**g**a*	(⇦ ***digo***)
hacer:	*ha**g**a*	(⇦ *ha**go***)
oír:	*oi**g**a*	(⇦ *oi**go***)
poner:	*pon**g**a*	(⇦ *pon**go***)
salir:	*sal**g**a*	(⇦ *sal**go***)
tener:	*ten**g**a*	(⇦ *ten**go***)
traer:	*trai**g**a*	(⇦ *tr**aigo***)
valer:	*val**g**a*	(⇦ *val**go***)
venir:	*ven**g**a*	(⇦ *ven**g**a*)

Meistens wird ein *g* eingeschoben.

Einige andere Verben bilden unregelmäßige *Subjuntivo*-Formen, die sich nicht von der Ichform ableiten lassen:

Subjuntivo von		
dar	***estar***	***haber***
dé	*esté*	***haya***
des	*estés*	*hayas*
dé	*esté*	*haya*
demos	*estemos*	*hayamos*
deis	*estéis*	*hayáis*
den	*estén*	*hayan*

Subjuntivo von		
ir	***saber***	***ser***
vaya	***sepa***	***sea***
vayas	*sepas*	*seas*
vaya	*sepa*	*sea*
vayamos	*sepamos*	*seamos*
vayáis	*sepáis*	*seáis*
vayan	*sepan*	*sean*

Subjuntivo von ***ver***
vea
veas
vea
veamos
veáis
vean

Sie sehen es selbst: So ganz fürchterlich unregelmäßig sind auch diese Verben nicht. Sie müssen sich immer nur einen kleinen «Dreh» merken – zumal die eigentlichen «Personenendungen» genauso aussehen wie bei den regelmäßigen oder in der Gegenwartsform (*so**mos*** —>*sea**mos***). Nur bei *estar* und *dar* müssen Sie zusätzlich an den Akzent denken (vgl. die Präsensformen).

Gebrauch des Subjuntivo (Grundlagen)

◆ *Subjuntivo* im Hauptsatz

Warum die Sie-Befehle und die verneinten Befehle mit dem Subjuntivo identisch sind, haben wir Ihnen bereits in SLE 25 verraten: Sie sind im Grunde verkappte Wünsche. Statt «Bringen Sie mir bitte ein Bier!» sagen Sie eigentlich: «Wollen Sie mir bitte ein Bier bringen» Wenn man jemanden siezt, ist man eben höflicher und äußert anstelle eines Befehls einen Wunsch (der allerdings als das verstanden wird, was er ist, nämlich ein Befehl). Auch verneinte Befehle sind eigentlich solche Wunschsätze (etwa: «Mögest du dir keine Sorgen machen» statt «Mach dir keine Sorgen!»).

Auf ähnliche Weise kann ich mit Hilfe des *Subjuntivo* alle möglichen frommen (oder auch weniger frommen) Wünsche äußern – auch wenn es sich nicht um Befehle handelt:

*Bueno, **que te diviertas**. Hasta luego.*
(etwa:) Okay, amüsier' dich gut. Auf bald!

Wörtlich übersetzt heißt dieses *Que te diviertas* aber: «Dass du dich amüsieren mögest» und enthält eindeutig einen *Subjuntivo* (von *divertirse*). Wünsche lassen sich also – vor allem in der gesprochenen Sprache – einfach durch *que* + *Subjuntivo* ausdrücken (und auf diese Weise stark betonen):

*Antonio quiere irse desde hace tres horas. **Que** lo **haga** por fin.*
Antonio will seit drei Stunden gehen. Soll er es doch endlich tun!
(wörtlich: Möge er es endlich tun!)

Solche Hauptsätze mit *que* + *subjuntivo* kann man im Deutschen nur umschreiben, eine wörtliche Wiedergabe klingt merkwürdig bis lächerlich!

Dieser Subjuntivo des Wunsches steht auch hinter *ojalá* («hoffentlich»):

*Estoy esperando a Juana. Ojalá no **tenga prisa**.*
Ich warte gerade auf Juana. Hoffentlich hat sie es nicht eilig!

Ein im Grunde simpler Satz – Sie müssen nur an den *Subjuntivo* denken!

◆ *Subjuntivo* im Nebensatz nach *que*: nach bestimmten Verben und Ausdrücken

Häufiger steht Subjuntivo jedoch in **Nebensätzen** nach bestimmten Verben oder anderen Ausdrücken – meistens im Gefolge der Konjunktion *que*:

*Nuestro jefe quiere **que los empleados trabajen hasta las seis**.*
Unser Chef wünscht, dass die Angestellten bis sechs Uhr arbeiten.

Wenn Sie einen Satz mit *querer* anfangen und dann einen Nebensatz folgen lassen (z.B. «ich will, dass jemand etwas tut» oder «der Chef will, dass wir irgendetwas tun»), muss in diesem Nebensatz *Subjuntivo* stehen. Dasselbe gilt für eine Reihe anderer Verben, Ausdrücke und auch Konjunktionen. Mehr dazu im letzten Teil dieser SLE.

Das bedeutet für Sie: Wenn Sie ein solches Verb oder einen solchen Ausdruck benutzen, müssen Sie daran denken, dass im nachfolgenden Nebensatz *subjuntivo* steht. Es empfiehlt sich also beispielsweise, zu *querer* die Zusatzinformation zu «speichern»: mit *subjuntivo!*

◆ *Subjuntivo* zum Ausdruck der Ungewissheit

Subjuntivo steht ferner, wenn ausgedrückt werden soll, dass eine Handlung, ein Ereignis oder eine Aussage unsicher, ungewiss oder zweifelhaft ist. Deshalb folgt auf **Konjunktionen der Zeit** (wie «wenn», «sobald», «bevor» oder «nachdem») – wenn sie sich auf Zukünftiges beziehen – *Subjuntivo*:

Puedes visitarme ***cuando tengas tiempo.***
Du kannst mich besuchen, wenn du (irgendwann) Zeit hast.

Wann die betreffende Person Zeit hat, ist hier noch ungewiss – folglich muss in dem Nebensatz nach *cuando* eine Form des *subjuntivo* gesetzt werden. Wenn dieselbe Aussage in der Vergangenheit steht (beispielsweise: «Kristina kam vorbei, als sie Zeit hatte»), gehört in den Nebensatz ein Indikativ, eine Vergangenheitsform.

◆ Verben und Ausdrücke mit *Subjuntivo* im Nebensatz

Subjuntivo steht hinter Verben, die einen Wunsch, eine Bitte oder einen Befehl ausdrücken:

querer que ***desear que*** (wünschen, dass)	*El jefe desea/quiere* ***que sus empleados trabajen mucho.*** Der Chef wünscht, dass seine Angestellten viel arbeiten.
exigir que (verlangen, dass)	*Exige también* ***que todos los empleados lleguen***[1] ***a tiempo****.* Er verlangt außerdem, dass alle Angestellten pünktlich kommen.
pedir que (verlangen, dass)	*Pide* ***que trabajen siempre hasta las cinco****.* Er verlangt, dass sie immer bis um fünf arbeiten.
insistir que (Wert darauf legen, dass)	*Insiste* ***que no duerman la siesta en la oficina****.* Er legt Wert darauf, dass sie im Büro keinen Mittagsschlaf halten.

1 Da die *Subjuntivo*-Endung mit einem *e* beginnt, muß hinter dem *g* noch ein *u* eingeschoben werden: *lleguen, aber llegar.*

ordenar que (befehlen, anordnen, dass)	*Ha ordenado* ***que no aparquen en la calle enfrente de la empresa.*** Er hat angeordnet, dass sie nicht auf der Straße gegenüber dem Firmengebäude parken.
decir que (sagen, dass man etwas tun soll)	*Dice a su secretaria* ***que escriba una carta.*** Er sagt seiner Sekretärin, sie solle einen Brief schreiben.

Vorsicht bei *decir*: Hier steht *Subjuntivo* nur, wenn der Nebensatz einen **Wunsch** oder eine **Aufforderung** enthält. Anderenfalls folgt eine simple indirekte Rede, die bekanntlich im Indikativ steht:

Su secretaria dice ***que ya ha escrito la carta.***
Seine Sekretärin sagt, sie habe den Brief bereits geschrieben.

Auch Erlaubnisse drücken eine Art Wunsch aus: Wenn ich jemandem etwas erlaube, zeige ich damit, dass ich den Wunsch eines anderen akzeptiere, meine eigenen Vorstellungen mit den seinen in Einklang bringe. Nach Verben, die eine **Erlaubnis** ausdrücken, steht daher ebenfalls *Subjuntivo* im Nebensatz, zum Beispiel nach:

permitir que (erlauben, dass)	*El jefe permite* ***que sus empleados coman en un bar cerca de la oficina.*** Der Chef erlaubt, dass seine Angestellten in einer Kneipe nahe beim Büro essen.
dejar que (zulassen, dass)	*Pero no deja* ***que coman en casa.*** Er lässt aber nicht zu, dass sie zu Hause essen.

Subjuntivo steht außerdem nach Verben und Ausdrücken der **Gefühlsbewegung**:

alegrarse (de) que (sich freuen, dass)	*Me alegro* ***(de) que vengas visitarme.*** Ich freue mich, dass du mich besuchen kommst.
estar triste (de) que (traurig sein, dass)	*Estoy triste* ***(de) que no vengas visitarme.*** Ich bin traurig, dass du mich nicht besuchen kommst.
sentir que (bedauern, dass)	*Siento* ***que Juana no tenga tiempo hoy.*** *Ich bedauere, dass Juana heute keine Zeit hat.*

Übungen

A. Bilden Sie bitte die entsprechende Form des Subjuntivo.

1. *dices* ____________________
2. *tomo* ____________________
3. *sabe* ____________________
4. *vamos* ____________________
5. *doy* ____________________
6. *están* ____________________
7. *hace* ____________________
8. *tenemos* ____________________
9. *viene* ____________________
10. *escribo* ____________________
11. *trae* ____________________
12. *soy* ____________________
13. *oye* ____________________
14. *vale* ____________________
15. *decís* ____________________
16. *viven* ____________________
17. *entiendo* ____________________
18. *pones* ____________________
19. *van* ____________________
20. *estamos* ____________________

B. Verbinden Sie bitte die folgenden Bruchstücke zu kompletten Sätzen:

1. *Pido — levantarte temprano*

   ____.
2. *Quiero — ducharte.*

   ____.
3. *Deseo — lavarte los dientes*

   ____.
4. *Quiero — lavarte también el pelo* [Haare]

   ____.
5. *No quiero — desayunar en un bar*

   ____.
6. *Me alegro – tener muchos amigos*

   ____.
7. *Siento – no – tener más tiempo*

   ____.
8. *Estoy triste – no – poder salir de vacaciones juntos*

   ____.
9. *Vamos a salir – cuando – (yo) tener tiempo*

   ____.

Grundsätzliches: eine spanische Spezialität

Auch diesmal haben wir einen spanischen Begriff verwendet, weil wir es beim *Gerundio* mit einer sprachlichen Erscheinung zu tun haben, die im Deutschen so nicht vorkommt.

Wer allerdings je in seinem Leben Englisch gelernt hat, kennt die «Verlaufsform» mit ihren «-ing»-Endungen: «Don't disturb me. I'm listening to the radio» – «Stör' mich nicht! Ich höre gerade Radio». Dieser Gebrauch entspricht – wenigstens in Teilen – dem spanischen *Gerundio:*

¿Qué está ***haciendo*** *Kristina? – Está* ***escuchando*** *la radio.*
(etwa:) Was tut Kristina im Augenblick? – Sie hört **gerade** Radio.

Was wird hier ausgedrückt? Das, was jemand gerade im Begriff ist zu tun. Im Deutschen können wir diese Formen lediglich umschreiben, es sei denn, wir begeben uns in die Niederungen schludrigster Umgangssprache («Lass mich gefälligst in Frieden, ich bin gerade am Fußball gucken!»). Dies und einiges andere können Sie mit Hilfe des *Gerundio* ausdrücken.

1. Die Formen des *Gerundio*: Man hängt wie gewöhnlich eine Endung an.

Das *Gerundio* wird – wie im Spanischen üblich – durch Anhängen einer Endung an den Verbstamm gebildet. Bei den Verben auf *-ar* ist das die Endung *-ando*:

llam-ar → *llam**ando*** ← *-ando*

Bei den (regelmäßigen) Verben auf *-er* und *-ir* wird die Endung ***-iendo*** angehängt:

com-er → *com**iendo*** ← *-iendo*
recibir → *recib**iendo*** ← *-iendo*

Natürlich gibt es – wie immer – einige «Ausreißer»:

Folgt die Endung *-iendo* auf einen Vokal, dann wird aus dem *i* ein *y*:

oír	⇨	*o**y**endo*	hören
traer	⇨	*tra**y**endo*	bringen
leer	⇨	*le**y**endo*	lesen
creer	⇨	*cre**y**endo*	glauben

Dasselbe passiert, wenn das *-iendo* am Wortanfang steht, wie bei *ir*:

ir	⇨	*yendo*	gehen, fahren

Kleinere Unregelmäßigkeiten gibt es außerdem bei folgenden Verben bzw. Verbgruppen

pedir[1]	⇨	*pidiendo*	bitten ...
sentir[2]	⇨	*sintiendo*	fühlen ...
dormir[3]	⇨	*durmiendo*	schlafen
decir	⇨	*diciendo*	sagen
poder	⇨	*pudiendo*	können
reír	⇨	*riendo*	lachen
venir	⇨	*viniendo*	kommen

2. Gebrauch des *Gerundio*: oft zusammen mit bestimmten Verben

Das *Gerundio* hat zahlreiche Funktionen. Am häufigsten wird es – wie in unserem ersten Beispiel – zusammen mit ***estar*** gebraucht:

¿Qué ***estás haciendo****? –* ***Estoy trabajando****.*
(etwa:) Was tust du gerade? – Ich bin bei der Arbeit.

Mit diesen Sätzen wird, wie gesagt, ausgedrückt, dass man gerade im Begriff ist, etwas zu tun.

Beliebt ist auch die Kombination mit ***seguir***:

Kristina ***sigue escribiendo****.* — Kristina schreibt **weiter.**

Zusammen mit *seguir* drückt das *Gerundio* also aus, dass man mit einer Handlung fortfährt, etwas «weitermacht». Auch diese Variante lässt sich im Deutschen nur umschreiben.

Oft folgt ein *Gerundio* auch auf ***ir***. Es drückt dann eine Entwicklung aus, die sich verstärkt:

Los precios ***van subiendo****.*
Die Preise steigen nach und nach / immer mehr.

1 Bei diesen Verben wird das *e* in den stammbetonten Gegenwartsformen zu *i*: *pido*, aber: *pedimos*; vgl. SLE 9.
2 Bei diesen Verben verwandelt sich das *e* in den stammbetonten Gegenwartsformen in ein *ie*: *siento*, aber: *sentimos*, vgl. SLE 9.
3 Bei diesen Verben wird das *o* in den stammbetonten Gegenwartsformen zu *ue*: *duermo*, aber: *dormimos*, vgl. SLE 9.

Sie sehen: Es gibt eine ganze Reihe deutscher Ausdrücke (wie «gerade», «weiter», «nach und nach» etc.), die im Spanischen nur vollkommen anders, nämlich durch ein *Gerundio* wiedergegeben werden können. Wieder einmal ist gründliches Umdenken angesagt.

Und noch ein anderer Punkt ist wissenswert: Taucht im Zusammenhang mit dem *Gerundio* ein **Pronomen** auf, dann wird es meistens angehängt – genau wie beim Infinitiv und beim bejahten Befehl:

*¿Sigues leyendo este libro? Sí, sigo leyéndo**lo**.*
Liest du dieses Buch weiter? Ja, ich lese es weiter.

Wieder steht der Akzent, damit sich die Betonung nicht verschiebt: leyendo —> leyéndolo.

Bei *estar + gerundio* haben Sie allerdings die freie Auswahl: Sie können das Pronomen anhängen oder vor die Form von *estar* stellen:

*¿Estás leyendo este libro? – Sí, estoy leyéndo**lo**. / **Lo** estoy leyendo.*
Liest du dieses Buch gerade? Ja, ich lese es gerade.

Wenn Sie's noch genauer wissen wollen ...

3. *Gerundio* als Ersatz für Nebensätze

Oft ersetzt das *Gerundio* auch Nebensätze. Es steht dann «alleine», ohne ein weiteres Verb:

*Kristina **dando** un regalo a Ana (dice): ¡Feliz cumpleaños!*
Während sie Ana ein Geschenk gibt, sagt Kristina: «Herzlichen Glückwunsch zum Geburtstag!»

***Teniendo** un coche, Ana va siempre en autobús a la oficina.*
Obwohl sie ein Auto hat, fährt Ana immer mit dem Bus ins Büro.

Hier steht das *Gerundio* für einen **Temporalsatz** zum Ausdruck einer Gleichzeitigkeit (erstes Beispiel) beziehungsweise für einen **Konzessivsatz** (zweites Beispiel). Es gibt aber eine ganze Reihe weiterer Möglichkeiten. Diese Konstruktionen brauchen Sie nicht aktiv zu beherrschen – es genügt, wenn Sie die richtige Bedeutung aus dem Zusammenhang erschließen.

4. Weitere Möglichkeiten des *Gerundio*: im Gefolge anderer Verben

Ein *Gerundio* kann noch auf eine Reihe weiterer Verben folgen und hat dann jedes Mal eine andere Bedeutung. Hier ein paar Beispiele:

*¿Qué **andas haciendo** todo el tiempo aquí? **Llevamos** una hora **buscándote** y **acabamos encontrándote** en esa tienda poco interesante.*
Was tust du **die ganze Zeit** hier? Wir suchen dich **seit** einer Stunde und finden dich **endlich** in diesem uninteressanten Geschäft!

Die Satzmuster lauten also:

acabar/terminar *haciendo algo*	schließlich etwas tun, zum Schluss etwas tun
andar *haciendo algo*	etwas eine Zeit lang tun
llevar *haciendo algo*	etwas schon seit ... tun

Auch sie kommen immer wieder vor, sollten Ihnen also zumindest passiv bekannt sein.

Übung

¿Qué están haciendo?

1. *Juan (dormir) ____________. Ana (leer) _________ un libro.*
2. *Pilar (ver la televisión) ______________.*
3. *Enrique (escuchar) ______________ música clásica.*
4. *Tomás (ir)_____________ al supermercado.*
5. *¿Qué ________ haciendo, Enrique? – (afeitarse)* [s. rasieren] ________.
6. *¿Y tú, Carmen? – (lavar) ______________.*
7. *¿Dónde están los niños? – (jugar en el jardín) ______________________.*
8. *¿A qué hora viene Antonio? – Ya _______________.*

Was Sie schon kennen: Angleichen.

Dass bestimmte Wortarten an ein Bezugswort angeglichen werden, haben Sie in den bisherigen SLEs immer wieder erfahren – beispielsweise im Zusammenhang mit den **Possessivbegleitern** (SLE 14.1). Geradezu ein Musterbeispiel für dieses «Angleichungsbedürfnis» sind Adjektive. Sie kennen das vom Deutschen her – wenn etwa, wie hier, fürchterlich geklatscht wird:

Sie ist aber auch wirklich eine schön**e** Frau!
Und er ist so ein schön**er** Mann.
Und sie haben so ein schön**es** Kind.

Das alles ist im Spanischen im Prinzip nicht viel anders.

1. Adjektive: die Formen

◆ Angleichen von Adjektiven

Adjektive werden also an ihr Bezugswort angeglichen, das heißt Wortgeschlecht und Zahl (Singular oder Plural) müssen übereinstimmen:

*Sven estudia en un**a** universidad suec**a**.*
Sven studiert an einer schwedischen Universität.

Da das Wort *universidad* feminin ist und hier in der Einzahl steht, wird das Adjektiv *sueco* entsprechend angepasst: Es steht in der weiblichen Form im Singular (*suec**a***). Damit gibt es grundsätzlich vier Möglichkeiten:

	♂		♀
♂	***un** amigo sueco*	♀	***una** amiga **sueca***
♂ ♂	*un**os** amigo**s** sueco**s***	♀ ♀	*un**as** amig**as** suec**as***

Möglich sind je eine Form für maskulin Singular («ein schwedischer Freund»), feminin Singular («eine schwedische Freundin»), maskulin Plural («einige schwedische Freunde») und feminin Plural («einige schwedische Freundinnen»).

Viele – aber leider nicht alle – Adjektive funktionieren nach diesem Muster: Endet die Einzahl maskulin auf *-o*, dann wird für die weibliche Form statt des *-o* ein *-a* angehängt. Im Plural kommt – wie immer – ein *-s* hinzu.

Eine große Zahl von Adjektiven, die auf einen Konsonanten enden (aber wieder leider nicht alle), verändern sich nach folgendem Muster:

	♂				♀		
♂	***un***	*amig**o***	*españo**l***	♀	*un**a***	*amig**a***	*españo**la***
♂♂	***unos***	*amig**os***	*españo**les***	♀♀	*un**as***	*amig**as***	*españo**las***
♂	***un***	*amig**o***	*alemá**n***	♀	*un**a***	*amig**a***	*aleman**a***
♂	***unos***	*amig**os***	*aleman**es***	♀	*un**as***	*amig**as***	*aleman**as***

Für die weibliche Form wird ein *-a* hinzugefügt, und der weibliche Plural – ganz regelmäßig – durch Anhängen eines *-s* gebildet. Für den Plural maskulin muss allerdings ein *-es* angehängt werden. Ein Akzent – falls vorhanden – fällt fort. Dies gilt vor allem für **Nationalitäts- und Städteadjektive**.

Andere Adjektive auf Konsonant (zum Beispiel *azul*, «blau»), vor allem aber solche, die auf den Vokal *-e* enden, haben nur eine Endung für die maskuline und die feminine Form:

	♂				♀		
♂	*un*	*chico*	*interesant**e***	♀ ♀	*una*	*chica*	*interesant**e***
♂♂	*unos*	*chicos*	*interesantes*	♀	*unas*	*chicas*	*interesantes*

Für die Mehrzahl wird das übliche *-s* angehängt.

«Abweichler» von diesen Faustregeln sollten Sie mit besonderer Aufmerksamkeit bedenken – Sie prägen sich am besten die maskuline und die feminine Form ein. So gibt es Adjektive, die auch in der maskulinen Form auf *-a* enden, wie *socialista*. Natürlich ist die weibliche Form identisch. Im Detail hilft da nur gezielte Lernarbeit.

Und noch etwas: Wenn sich ein Adjektiv auf maskuline und feminine Substantive bezieht, steht die maskuline (Plural-)Form:

*Kristina compra **un** jersey y **una** falda negr**os**.*
Kristina kauft einen schwarzen Pullover und einen schwarzen Rock.

Dafür können Sie sich einmal das Adjektiv *negro* sparen.

◆ Verkürzen von Adjektiven

Einige Ordnungszahlen verlieren – wie Sie wissen (vgl. SLE 20) – in der maskulinen Form den letzten Buchstaben, wenn sie direkt vor dem Substantiv stehen:

*Antonio vive en el **tercer** piso.* — Antonio wohnt im dritten Stock.

Anstelle von *tercer**o*** heißt es *tercer*, weil unmittelbar darauf das Substantiv *(el) piso* folgt.

Dieselbe Art von «Verkürzung» findet auch bei einigen anderen Adjektiven statt:

*Enrique es un **buen** amigo de Kristina.*
Enrique ist ein guter Freund von Kristina.

Auch *bueno* wird (zu *buen*) verkürzt, wenn es unmittelbar vor einem männlichen Substantiv in der Einzahl steht. Folgt dagegen ein weibliches Hauptwort, steht wieder die «normale» weibliche Form (*una* ***buena*** *idea*). Unverkürzt bleibt das Adjektiv auch im Plural (*unos buenos amigos, unas buenas ideas*). Dasselbe gilt für *mal(o)*.

Hace ***mal*** *tiempo hoy.* — Heute ist schlechtes Wetter.

Noch konsequenter wird diese Art von Verkürzung bei *grande* gehandhabt:

Luis vive en una ***gran*** *ciudad. Tiene un* ***gran*** *piso en el centro.*
Luis wohnt in einer großen Stadt. Er hat eine große Wohnung im Zentrum.

Das Adjektiv *grande* wird in der Einzahl immer zu *gran* verkürzt, wenn es vor dem Substantiv steht.

◆ Attributiver und prädikativer Gebrauch

Adjektive können unmittelbar mit Ihrem Bezugswort zusammenstehen (wie in unseren bisherigen Beispielen), sie können aber auch **prädikativ** gebraucht werden, wenn es etwa statt: «... ein rotes Haus» heißt: «Das Haus ist rot». Im Spanischen müssen Sie (anders als im Deutschen) auch in diesem Fall angleichen:

La casa ***es roja****. La casa* ***está sucia****.*— Das Haus ist rot/schmutzig.

Natürlich können Substantiv und Adjektiv auf diese Weise auch mit *estar* verbunden sein – oder mit *parecer* (etwa: «Dieses Problem scheint schwierig»). Angeglichen werden muss in jedem Fall!

2. Stellung der Adjektive

Die Stellung der Adjektive – vor dem Substantiv oder dahinter – ist ein Thema, das in den Bereich stilistischer Feinheiten spielt und damit leicht ins Uferlose abdriftet. Deshalb liefern wir nur einige Faustregeln:

Nr. 1: Die meisten Adjektive stehen hinter dem Substantiv. Einige besonders häufige stehen allerdings davor.

Nr. 2: Adjektive stehen immer nach, wenn sie unterscheidende Funktion haben, wenn sie also für die Aussage des Satzes von Bedeutung sind (daran zu erkennen, dass die Information nicht mehr vollständig wäre, wenn man das Adjektiv ausließe):

No me gustan ***los coches pequeños,*** *prefiero conducir un* ***coche grande****.*
Ich mag keine kleinen Autos, ich fahre lieber einen großen Wagen.

In diesem Beispiel sind *pequeño* bzw. *grande* von entscheidender, da sinntragender Bedeutung: Es kommt ja auf den Gegensatz zwischen großen und kleinen Autos an.

Ana tiene ***un pequeño coche*** *para ir a la oficina.*
Ana besitzt ein kleines Auto, um damit ins Büro zu fahren.

Hier ist die Information, dass es sich um einen kleinen Wagen handelt, von untergeordneter Bedeutung; entscheidend ist, dass Ana ein Auto benutzt, um damit zur Arbeit zu fahren. Dementsprechend steht *pequeño* vor *coche.*

Ein solcher Unterschied ergibt sich besonders häufig bei *grande, pequeño* und *joven* («jung»).

Nr. 3: In diesem Sinn stehen Adjektive, die eine Farbe, eine Nationalität oder die Form eines Substantivs beschreiben, dahinter:

Pilar tiene un ***coche francés.*** — Pilar hat ein **französisches** Auto.
Vive en una ***calle estrecha.*** — Sie wohnt in einer **engen** Straße.
Compra una ***blusa roja.*** — Sie kauft eine **rote** Bluse.

In allen diesen Fällen ist das Adjektiv von entscheidender Bedeutung: Bei dem Wagen kommt es darauf an, dass es sich um ein europäisches Importmodell handelt, die Farbe der Bluse ist für Pilars Kaufentscheidung sicherlich von Bedeutung, und die Aussage, dass sie in irgendeiner Straße wohnt, wird überhaupt erst sinnvoll, wenn man etwas über diese Straße erfährt – hier, dass sie eng ist.

Nr. 4: Einige Adjektive stehen immer oder überwiegend vor:

Enrique es un ***buen*** *amigo. No tengo* ***otro*** *amigo.*
Enrique ist ein **guter** Freund. Ich habe keinen **anderen** Freund.

Enrique no tiene ***mucho*** *dinero. Tiene* ***poco*** *dinero.*
Enrique hat nicht **viel** Geld. Er hat **wenig** Geld.

Tiene ***mala*** *pata: Hay siempre* ***malas*** *noticias para él.*
Er ist ein Pechvogel: Es gibt immer **schlechte** Nachrichten für ihn.

Immer oder überwiegend vor dem Substantiv stehen *bueno*[1], *malo, otro, mucho* und *poco.*

☝ Wenn Sie's noch genauer wissen wollen ...

◆ Bedeutungsunterschiede

Wie schon gesagt, ist das Thema «Stellung der Adjektive» etwas uferlos. So kann es vorkommen, dass sich die Bedeutung eines Adjektivs ändert, je nachdem, ob es vor- oder nachsteht:

Ana visita algunos ***castillos antiguos.*** — Ana besichtigt einige **alte** Burgen.
Visita también a un ***antiguo profesor.*** — Außerdem besucht sie einen **ehemaligen** Lehrer.

1 Nachgestellt hat bueno eine andere Bedeutung («brav»), s. Teil 3 dieser SLE.

Vorgestellt bedeutet *antiguo/a* also «ehemalig», nachgestellt dagegen «alt, altertümlich». Eine Reihe weiterer Adjektive haben – je nach Stellung – ebenfalls zwei ganz unterschiedliche Bedeutungen:

Enrique tiene un ***nuevo*** *coche. Es un coche de segunda mano.*
Enrique hat ein neues Auto. Es ist ein Gebrauchtwagen.

Ana tiene un coche ***nuevo.*** — Ana besitzt einen Neuwagen.

Vor dem Substantiv bedeutet *nuevo* «neu» im Sinne von «neuartig», «bisher nicht bekannt»: Für Enrique ist das Auto neu (er hat es gerade gekauft), obwohl es längst nicht mehr taufrisch ist. Anders das Gefährt Anas: Es ist gerade erst vom Band gelaufen, denn *nuevo* hinter dem Substantiv hat die Bedeutung «(fabrik)neu», «ungebraucht».

Weitere Adjektive dieser Art sind:

vorgestellt:	nachgestellt:
un ***viejo*** *amigo* ein alter Freund (der ganz jung sein kann)	*un señor* ***viejo*** ein alter (betagter) Herr
una ***bue*** *na pelicula* ein guter Film	*una niña* ***buena*** ein braves Mädchen
un ***pobre*** *campesino* ein armer (bemitleidenswerter) Bauer	*un campesino* ***pobre*** ein armer (mittelloser) Bauer
una ***triste*** *vida* ein trauriges (jämmerliches) Leben	*una cara* ***triste*** ein trauriges Gesicht

Sie sehen: Vorgestellte Adjektive haben oft eine gefühlsbetonte Komponente: Der erste Bauer in unserem Beispiel ist schlicht und ergreifend ein armer Kerl, der Zweite lediglich finanziell pleite, kann dabei aber ganz glücklich sein. Es gibt noch einige weitere Adjektive dieser Art, deren Doppelbedeutung Sie sich – vielleicht anhand eines typischen Beispiels wie oben – einprägen sollten, wenn Sie darauf stoßen.

Übungen

Setzen Sie bitte die unten stehenden Adjektive ein. (Vorsicht: Nicht in jede Lücke gehört auch ein Adjektiv!)

1. *Sevilla es una _______ ciudad _______, una _______ ciudad _______.*
2. *Hay _______ monumentos _______.*
3. *La Giralda es una _______ torre* [Turm] *muy _______, _______ recuerdo* [Erinnerung] *_______ de la _______ cultura _______.*
4. *Las _______ partes _______ de la catedral son de _______ estilo _______.*
5. *Sevilla es una _______ ciudad _______, con _______ colores_______.*
6. *Hay _______ casas _______ con, _______ flores _______ en _______ los_______ balcones.*
7. *Hay también _______ parques _______ para descansar.* [ausruhen]
8. *En los _______ barrios _______, las calles son _______ y _______, pero en el centro hay _______ calles _______.*

(1) *grande, hermoso* [schön], *especial*
(2) *mucho, famoso*
(3) *antiguo, fascinante, árabe*
(4) *otro, gótico*
(5) *alegre* [fröhlich], *mucho*
(6) *blanco, bonito, todo*
(7) *tranquilo*
(8) *moderno, ancho* [breit], *ruidoso* [laut], *mucho, estrecho*

1. *María José y su marido buscan una _______ casa _______.*
2. *Ahora viven en un _______ piso _______.*
3. *Es un _______ piso_______ en el centro.*
4. *Una agencia les ofrece una _______ casa _______, una casa que tiene _______ comodidades.* [Bequemlichkeiten]

(1) *grande*
(2) *pequeño*
(3) *tercero*
(4) *maravilloso* [wunderbar], *mucho*

■ SLE 30: Lernarbeit sparen: Wie man das Geschlecht zahlreicher Substantive an ihrer Endung abliest.

Was für die Adjektive recht ist, soll bei Substantiven billig sein: Sobald Ihnen beispielsweise die Form *amarillo* vor die vom exzessiven Vokabellernen getrübten Augen kommt, wissen Sie natürlich, dass es sich um eine maskuline Einzahl handelt. Wenn das bei Substantiven auch so «hinhaute» – man könnte eine Menge Lernarbeit sparen! Man wüsste nämlich auf Anhieb, ob der passende Artikel *el* oder *la* lautet.

Bei zahlreichen Substantiven klappt das wirklich – an ihrer Endsilbe lässt sich (mit einiger Wahrscheinlichkeit) ablesen, ob das Wort maskulin oder feminin ist. Allerdings gibt es auch eine Reihe Ausnahmen. Wie geht man arbeitstechnisch gesehen also am ökonomischsten vor?

Zunächst, indem wir uns in dieser Selbstlerneinheit auf die häufigsten und eindeutigsten Fälle beschränken. Auch diese Endungen sollten Sie jedoch nicht «pauken». Nehmen Sie sie erst einmal zur Kenntnis und lernen Sie bitte weiterhin brav Ihre Artikel. Irgendwann werden Sie vor ein Substantiv, das auf *-ión* endet, automatisch ein *la* setzen. Spätestens dann fällt besonders bei einem beträchtlichen Teil des Spezialvokabulars, das Sie für Ihren Beruf benötigen, das Artikellernen aus.

Richtet sich dagegen ein Wort ausnahmsweise nicht nach diesem Schema, dann sollten Sie sich die Einheit Artikel + Substantiv besonders gründlich einprägen. Denn hier ist das Fehlerrisiko besonders groß.

Fast unnötig dürfte es sein, an dieser Stelle feierlich zu verkünden, dass Substantive auf *-o* in der Regel maskulin und die auf *-a* normalerweise feminin sind – das kennen Sie längst von den Adjektiven her. Sie verzeihen uns aber bitte, wenn wir trotzdem bei unserem Prinzip bleiben, alles mit Ihnen durchzugehen.

Typisch maskuline Endungen:

-o:	*el vino, el barco, el edificio, el cuarto*
-or:	*el valor, el comedor, el recibidor, el director, el esplendor*

Es gibt – wie gesagt – einige Ausnahme, z.B. ***la** mano, **la** flor.*

Typisch weibliche Endungen:

-a:	*la costa, la entrevista, la época, la esquina, la familia*
-ión:	*la dirección, la procesión, la dimensión, la felicitación*
-dad/-tad:	*la ciudad, la verdad, la vitalidad, la tranquilidad, la dificultad*

Nicht verwechseln dürfen Sie dabei *-ión* und *-ón:* Wörter auf *-ón* sind zwar seltener, aber männlich (z.B. *el balcón, el rincón, el pantalón*).

Auch bei den anderen gibt es wieder einige «Ausreißer», z.B. ***el** día, **el** programa* oder ***el** idioma.*

Einige Substantive kommen in männlicher und weiblicher «Ausführung» vor. Dabei handelt es sich zum Teil um Berufsbezeichnungen, die für beide Geschlechter verwendet werden (z.B. ***el*** *estudiante,* ***la*** *estudiante* oder ***el*** *periodista,* ***la*** *periodista*). Geliebte (*el/la amante*), Kameraden (*el/la camarada*) oder Radfahrer (*el/la ciclista*) und andere werden analog behandelt. Hier hilft wieder einmal nur Vokabellernen!

Manche Substantive haben aber auch je nach Geschlecht einen ganz unterschiedlichen Sinn: So bedeutet ***el*** *capital* «das Kapital», ***la*** *capital* dagegen «die Hauptstadt».

■ Unregelmäßige Verben I

Diese SLE ist weniger zum Lernen als zum Nachschlagen gedacht – wenn Sie sich beispielsweise nicht sicher sind, wie das Partizip von *volver* lautet.

Die Verben sind alphabetisch angeordnet. In der jeweiligen Liste tauchen aber nur jene Verben auf, die Unregelmäßigkeiten aufweisen. Wenn also ein ansonsten ziemlich unregelmäßiges Verb ein regelmäßiges *Gerundio* hat, fehlt es in dieser Liste. Umgekehrt tauchen – etwa bei den Partizipien – einige Verben auf, die in den übrigen Formen regelmäßig sind (z.B. *volver* – sonst keine Besonderheiten bis auf den Doppellaut in den stammbetonten Formen).

1. Präsens

Bei zahlreichen Verben weicht im Präsens nur die Ichform ab.

conducir ([selbst] fahren, führen ...)	
yo	*condu**z**co*
tú	*conduces*
él/ella/Vd.	*conduce*
nosotros/as	*conducimos*
vosotros/as	*conducís*
ellos/as/Vds.	*conducen*

Nur die Ich-Form ist unregelmäßig. Hier wird ein ***z*** eingeschoben.

coger (nehmen)	
yo	*co**j**o*
tú	*coges*
él/ella/Vd.	*coge*
nosotros/as	*cogemos*
vosotros/as	*cogéis*
ellos/as/Vds.	*cogen*

Nur die Ichform ist unregelmäßig. Das *g* verwandelt sich in ein ***j***, damit sich die Aussprache nicht verändert.

Im südamerikanischen Sprachgebrauch ist das Verb *coger* ungebräuchlich, ja verpönt. Oft steht an seiner Stelle *tomar*.

conocer (kennen, kennen lernen) und die anderen Verben auf *-ocer:*	
yo	*cono**z**co*
tú	*conoces*
él/ella/Vd.	*conoce*
nosotros/as	*conocemos*
vosotros/as	*conocéis*
ellos/as/Vds.	*conocen*

Nur die Ichform ist unregelmäßig. Hier wird ein ***z*** eingeschoben.

decir (sagen)	
yo	*d**ig**o*
tú	*d**i**ces*
él/ella/Vd.	*d**i**ce*
nosotros/as	*decimos*
vosotros/as	*decís*
ellos/as/Vds.	*d**i**cen*

In der Ichform wird aus dem *c* ein *g*. Außerdem findet in den stammbetonten Formen ein Vokalwechsel von *e* zu ***i*** statt (vgl. SLE 9).

estar (sein ...)	
yo	*est**o**y*
tú	*est**á**s*
él/ella/Vd.	*est**á***
nosotros/as	*estamos*
vosotros/as	*estáis*
ellos/as/Vds.	*est**á**n*

Außer der Ichform auf ***-oy*** weicht vor allem die Betonung in der 2. und 3. Person Singular und in der 3. Person Plural (letzte Silbe, z.B. *est**á***) von der Norm ab.

dar (geben)	
yo	*d**oy***
tú	*das*
él/ella/Vd.	*da*
nosotros/as	*damos*
vosotros/as	*d**a**is*
ellos/as/Vds.	*dan*

Unregelmäßig ist vor allem die Ichform (wie so oft auf ***-oy***), außerdem fehlt der Akzent auf der 2. Person Plural (*d**a**is*).

haber (haben [nur zur Bildung von Zeiten])	
yo	*he*
tú	***has***
él/ella/Vd.	***ha***
nosotros/as	***hemos***
vosotros/as	*habéis*
ellos/as/Vds.	***han***

Regelmäßig ist nur die 2. Person Plural, alle anderen Formen sind stark verkürzt und weichen vom Schema der Verben auf *-er* ab.
Im Präsens gibt es außerdem die «Sonderform» ***hay*** («es gibt» etc.).

hacer (tun, machen)	
yo	*ha**go***
tú	*haces*
él/ella/Vd.	*hace*
nosotros/as	*hacemos*
vosotros/as	*hacéis*
ellos/as/Vds.	*hacen*

Nur die Ichform ist unregelmäßig: Anstelle des *c* steht ein *g*, die Endung ist (wie so oft) ***-g**o*.

ir (gehen, fahren...)	
yo	***voy***
tú	***vas***
él/ella/Vd.	***va***
nosotros/as	***vamos***
vosotros/as	***vais***
ellos/as/Vds.	***van***

Das Präsens hat einen anderen Stamm als der Infinitiv (*ir*, aber *voy*, *vas* ...).

nacer (geboren werden [und die anderen Verben auf *-acer*])	
yo	*na**z**co*
tú	*naces*
él/ella/Vd.	*nace*
nosotros/as	*nacemos*
vosotros/as	*nacéis*
ellos/as/Vds.	*nacen*

Wie bei den Verben auf *-ucir* und *–ocer* wird in der Ichform ein *z* eingeschoben: *na**z**co*.

oír (hören)	
yo	*oi**g**o*
tú	*o**y**es*
él/ella/Vd.	*o**y**e*
nosotros/as	*o**í**mos*
vosotros/as	*oís*
ellos/as/Vds.	*o**y**en*

Unregelmäßig ist die Ichform mit eingeschobenem *g (oi**g**o).* In den übrigen stammbetonten Formen verwandelt sich das *i* vor der Endung in ein *y (o**y**es ...).* Darüberhinaus hat die 1. Person Plural einen Akzent *(o**í**mos).*

parecer (scheinen, aussehen wie)	
yo	*pare**z**co*
tú	*pareces*
él/ella/Vd.	*parece*
nosotros/as	*parecemos*
vosotros/as	*parecéis*
ellos/as/Vds.	*parecen*

In der Ichform wird – wie bei den Verben auf *-ucir, -ocer* und *-acer* – ein ***z*** eingeschoben.

poner (legen, stellen)	
yo	*pon**g**o*
tú	*pones*
él/ella/Vd.	*pone*
nosotros/as	*ponemos*
vosotros/as	*ponéis*
ellos/as/Vds.	*ponen*

Nur die Ichform ist unregelmäßig – mit dem typischen eingeschobenen *g (pon**g**o).*

reír (lachen)	
yo	*r**í**o*
tú	*r**í**es*
él/ella/Vd.	*r**í**e*
nosotros/as	*re**í**mos*
vosotros/as	*re**í**s*
ellos/as/Vds.	*r**í**en*

Neben dem Vokalwechsel von *e* zu ***i*** (vgl. SLE 9) hat dieses Verb in allen Formen einen Akzent auf dem *i.*

saber (wissen, können)	
yo	***sé***
tú	*sabes*
él/ella/Vd.	*sabe*
nosotros/as	*sabemos*
vosotros/as	*sabéis*
ellos/as/Vds.	*saben*

Unregelmäßig ist nur die Ichform *(**sé**)*.

salir (ausgehen, abfahren)	
yo	*sal**g**o*
tú	*sales*
él/ella/Vd.	*sale*
nosotros/as	*salimos*
vosotros/as	*salís*
ellos/as/Vds.	*salen*

Nur die Ichform ist unregelmäßig – mit dem typischen eingeschobenen *g* *(sal**g**o)*.

ser (sein)	
yo	***soy***
tú	***eres***
él/ella/Vd.	***es***
nosotros/as	***somos***
vosotros/as	***sois***
ellos/as/Vds.	***son***

Hier sind ausnahmsweise alle Formen unregelmäßig.

tener (haben, halten)	
yo	*ten**g**o*
tú	*t**ie**nes*
él/ella/Vd.	*t**ie**ne*
nosotros/as	*tenemos*
vosotros/as	*tenéis*
ellos/as/Vds.	*t**ie**nen*

Neben der unregelmäßigen Ichform (mit eingeschobenem *g*: *ten**g**o*) hat das Verb in den stammbetonten Formen den Doppellaut ***ie*** statt e.

traer (bringen)	
yo	*tr**aig**o*
tú	*traes*
él/ella/Vd.	*trae*
nosotros/as	*traemos*
vosotros/as	*traéis*
ellos/as/Vds.	*traen*

Unregelmäßig ist nur die Ichform *(tr**aig**o).*

venir (kommen)	
yo	*ven**g**o*
tú	*v**ie**nes*
él/ella/Vd.	*v**ie**ne*
nosotros/as	*venimos*
vosotros/as	*venís*
ellos/as/Vds.	*v**ie**nen*

Neben der unregelmäßigen Ichform (mit eingeschobenem *g: ven**g**o*) hat das Verb in den stammbetonten Formen den Doppellaut ***ie*** statt *e*.

ver (sehen)	
yo	*v**e**o*
tú	*ves*
él/ella/Vd.	*ve*
nosotros/as	*vemos*
vosotros/as	*veis*
ellos/as/Vds.	*ven*

Unregelmäßig ist die Ichform mit einem eingeschobenen *e: v**e**o*. Darüber hinaus hat die 2. Person Plural keinen Akzent.

2. Befehlsformen

Bei einer ganzen Reihe von Verben sind auch der bejahte Du-Befehl und die Sie-Befehle unregelmäßig. Während Sie sich die Abweichungen beim Du-Befehl einprägen müssen, können Sie bei den Sie-Befehlen oft von der (unregelmäßigen) Ichform ausgehen – hier lohnt sich das Lernen also doppelt.

Verb	Du-Befehl Einzahl	Du-Befehl Mehrzahl	Sie-Befehle
conducir (-ucir)	*conduce*	*conducid*	*condu**zc**a(n)*
conocer (-ocer)	*conoce*	*conoced*	*cono**zc**a(n)*
coger	*coge*	*coged*	*co**j**a(n)*
decir	***di***	*decid*	*di**g**a(n)*
estar	*está*	*estad*	*est**é**(n)*
dar	*da*	*dad*	***dé** / den*
haber	***he***	*habed*	***haya**(n)*
hacer	***haz***	*haced*	***haga**(n)*
ir	***ve***	***id***	***vaya**(n)*
nacer (-acer)	*nace*	*naced*	*na**zc**a(n)*
oir	*o**y**e*	*oíd*	*oi**g**a(n)*
parecer (-ecer)	*parece*	*pareced*	*pare**zc**a(n)*
poner	***pon***	*poned*	*pon**g**a(n)*
saber	*sabe*	*sabed*	***sepa**(n)*
salir	***sal***	*salid*	*sal**g**a(n)*
reír	*ríe*	*reíd*	*ría(n)*
ser	***sé***	***sed***	***sea**(n)*
tener	***ten***	*tened*	*ten**g**a(n)*
traer	*trae*	*traed*	*tra**ig**a(n)*
venir	***ven***	*venid*	*ven**g**a(n)*
ver	*ve*	*ved*	***vea**(n)*

Die verneinten Befehle werden ganz normal abgeleitet: *no vengas, no digáis* etc.

3. *Compuesto* (Partizipien)

Einige – sonst regelmäßige – Verben bilden ein unregelmäßiges Partizip:

Verb	Partizip
abrir	*ab**ierto***
cubrir	*cub**ierto***
decir	*di**cho***
escribir	*escri**to***
hacer	*h**echo***
ir	*ido*
morir	*m**uerto***
oír	*oído*
poner	***puesto***
reír	*reído*
***romper**(se)*	*ro**to***
traer	*traído*
ver	*v**isto***
volver	*v**uelto***

4. *Subjuntivo*

Wenn Sie die Sie-Befehle und die verneinten Befehle beherrschen, kennen Sie auch die meisten Formen des *Subjuntivo* (vgl. SLE 27 und Teil 2 dieser SLE):

Verb	*Subjuntivo*
conducir (-ucir)	*conduzca ...*
conocer (-ocer)	*conozca ...*
coger	*coja ...*
decir	*diga ...*
estar	*esté ...*

dar	*dé, des, dé, demos, deis, den*
haber	*haya ...*
hacer	*haga ...*
ir	*vaya ...*
nacer	*nazca ...*
oír	*oiga ...*
parecer (-ecer)	*parezca ...*
poner	*ponga ...*
saber	*sepa ...*
salir	*salga ...*
reír	*ría ...*
ser	*sea ...*
tener	*tenga ...*
traer	*traiga ...*
venir	*venga ...*
ver	*vea ...*

5. *Gerundio*

Typisch für unregelmäßige *Gerundio*-Formen ist ein *y* anstelle des *i*, wenn die Endung *-iendo* auf einen Vokal folgt (z.B. *le**y**endo*). Darüber hinaus verändert sich bei einigen Verben bzw. Verbgruppen der Stammvokal (z.B. *pedir* ⇨ *p**i**diendo*).

Verb	Gerundio
creer	*creyendo*
decir	*diciendo*
dormir[1]	*durmiendo*
ir	*yendo*

1 Bei diesen Verben wird das *o* in den stammbetonten Gegenwartsformen zu *ue*: *duermo,* aber: *dormimos.*

leer	*leyendo*
oír	*oyendo*
pedir[2]	*pidiendo*
poder	*pudiendo*
reír	*riendo*
sentir[3]	*sintiendo*
traer	*trayendo*
venir	*viniendo*

2 Bei diesen Verben wird das e in den stammbetonten Gegenwartsformen zu *i*: *pido,* aber: *pedimos.*

3 Bei diesen Verben verwandelt sich das e in den stammbetonten Gegenwartsformen in ein *ie*: *siento*, aber: *sentimos.*

SLE 3

1.

1) *la ciudad*
__las ciudades__

2) *el chileno*
__los chilenos__

3) *el libro*
__los libros__

4) *la mesa*
__las mesas__

5) *el dolor*
__los dolores__

2.

1) *¿Hamburgo es la capital de España?*
No[1]*, Hamburgo* ***no es*** *la capital de España.*

2) *¿Es Julio de Salamanca?*
No, ***no es*** *de Salamanca.*

3) *¿Está en Madrid?*
No, ***no está*** *en Madrid.*

4) *¿Carmen es francesa?*
No, ***no es*** *francesa.*

5) *¿Es de París?*
No, ***no es*** *de París.*

SLE 4

1. *¿**Es** usted Isabel Belmonte?*
*—No, no **soy** Isabel Belmonte.*

2. *¿Y tú, **¿eres** tú Juan?*
*—**Soy** Juan.*

3. *¿**Son** Manolo y José?*
*—No, no **son** Manolo y José.*

4. *¿**Sois** Isabel y Carmen?*
*—No, nosotras no **somos** Isabel y Carmen.*

5. *¿**Eres** tú María?*
*—No, no **soy** María.*

6. *¿Cómo **está** usted?*
*—Gracias, **estoy** muy bien.*

7. *¿Cómo **estáis**?*
*—**Estamos** muy bien.*

8. *¿El bar **está** abierto?*
*—No, no **está** abierto.*

9. *¿Dónde **están** María e Isabel?*
*—**Están** en Salamanca.*

10. *¿Salamanca **es** una ciudad grande?*
*—Eso es, Salamanca **es** una ciudad grande.*

11. *¿**Está** Manolo?*
*—No, no **está**. **Está** enfermo.*

12. *El libro **es** muy aburrido.*

13. *Carlos e Isabel **están** en México. México **es** una ciudad interesante.*

14. *Manolo **es** un chico muy simpático. **Es** mecánico.*

---

1 Das erste *no* kann natürlich auch ausgelassen werden.

SLE 5

A.

1. *¿En qué trabaj**a** el señor Bella?*
   *—**Es** veterinario.*
2. *John y Mike **trabajan** en Londres, Pedro **trabaja** en México. Y tú, ¿dónde **trabajas**? — **Trabajo** en Dortmund.*
   *—Y vosotros, ¿dónde **trabajáis**?*
   *—**Trabajamos** en Sevilla.*
3. *¿No **trabaja** usted hoy?*
   —No, estoy de vacaciones.
4. *¿Qué lenguas **habla** usted?*
   *—**Hablo** inglés y español.*
   *¿Y tú? —**Hablo** francés y español.*
5. *Kristina **estudia** en la universidad de Santiago. Isabel y Carlos **estudian** en Salamanca. Y vosotros, ¿dónde **estudiáis**?*
   *—**Estudiamos** en Alemania.*

B.

*El mercado **está** en el centro de la ciudad. ¿**Hay** también una catedral?*
*—No, no **hay** una catedral, **hay** solamente una iglesia.*

SLE 6

A.

1. *¿**Dónde** se habla el gallego?*
   —Se habla en el norte de España.
2. *¿**Quiénes** hablan el gallego?*
   —Son los gallegos.
3. *¿**Qué** lengua se habla en Cataluña?*
   —Se habla el catalán.
4. *¿**Cuantos** habitantes viven en Madrid?*
   —En Madrid viven 4 millones de habitantes.
5. *¿**Por qué** no está Kristina?*
   —Está en la universidad.
6. *¿**Adónde** vas?*
   —Voy a la oficina.
7. *¿**De dónde** es Kristina?*
   —Es de Alemania.
8. *¿**Cómo** se llama usted?*
   —Me llamo Roberto Ramírez.
9. *¿**Cuál** es la capital de Galicia?*
   —Es Santiago de Compostela.
10. *¿**Para qué** necesitas el coche?*
    —Para ir a la oficina.

B.

1. *¿Tienes **un** coche?*
   *—Sí, tengo **uno**.*
2. *Barcelona está en **el** norte de España. Es **la** capital de Cataluña.*
3. *Pilar tiene **una** casa muy bonita.*
4. ***Los/Unos** amigos ya están en **el** bar.*
5. ***El** vasco es **la** lengua **del** País Vasco.*

SLE 7

78: setenta y ocho
22: veintidós
uno
35: treinta y cinco
19: diecinueve
99: noventa y nueve
47: cuarenta y siete
28: veintiocho
15: quince
cuatro

66: sesenta y seis
51: cincuenta y
17: diecisiete
33: treinta y tres
100: cien
12: doce
14: catorce
44: cuarenta y

1.789: mil setecientos/as ochenta y nueve
9.323: nueve mil trescientos/as veintitrés
255.513: doscientos/as cincuenta y cinco mil quinientos/as trece
1.965.741: un millón novecientos/as sesenta y cinco mil setecientos/as cuarenta y uno
3.822.511: tres millones ochocientos/as veintidós mil quinientos/as once

SLE 8

A.

	hablar	***vender***	***vivir***
(tú)	*hablas*	*vendes*	*vives*
(vosotros/as)	*habláis*	*vendéis*	*vivís*
(ellos/ellas)	*hablan*	*venden*	*viven*

	comprar	***leer***	***escribir***
(yo)	*compro*	*leo*	*escribo*
(nosotros/-as)	*compramos*	*leemos*	*escribimos*
(él/ella)	*compra*	*lee*	*escribe*

B.

1. *Pilar* ***vive*** *en Santiago de Compostela. Ella y su marido* ***estudian*** *economía en la universidad. Tienen un hijo, Juan.*
2. *Santiago* ***es*** *la capital de Galicia.* ***Está*** *cerca de la costa. En Galicia se* ***hablan*** *gallego y castellano. Pilar no* ***es*** *de Galicia; por eso* ***aprende*** *el gallego.*
3. *De momento, Pilar y su marido* ***están*** *en casa.* ***Desayunan*** *en el cuarto de estar. Pilar* ***lee*** *el periódico, su marido* ***escribe*** *una carta a un amigo. Después de desayunar, van a la universidad.*

SLE 9

A.

	sentir	*poder*	*servir*
(tú)	***sientes***	***puedes***	***sirves***
(nosotros/-as)	***sentimos***	***podemos***	***servimos***
(él/ella)	***siente***	***puede***	***sirve***

	pedir	*recordar*	*querer*
(vosotros/-as)	***pedís***	***recordáis***	***queréis***
(yo)	***pido***	***recuerdo***	***quiero***
(ellos/ellas)	***piden***	***recuerdan***	***quieren***

B.

1. *En el bar, Kristina **pide** un vaso de vino. Pilar y Ramón **piden** una cerveza.*
2. *Ana **quiere** respirar aire puro. Y vosotros, ¿no **queréis** salir con ella?*
3. *¿**Puede** Vd. decirme dónde está la universidad? – Lo **siento**, no **puedo**, no soy de Santiago.*

SLE 10

A.

1. *est**e** fin de semana*
2. *est**a** semana*
3. *es**a** ciudad*
4. *aquell**os** coches*
5. *est**os** pueblos*
6. *aquell**as** montañas*
7. *es**os** trenes*
8. *aqu**el** libro*
9. *aque**lla** bicicleta*
10. *est**e** avión*

B.

1. *¿Vive Kristina en **esta** calle? — No, no vive aquí. Vive allí, en **aquella** calle.*
2. *¿Qué es **este** edificio? — Es la universidad.*
   *¿Y **aquella** iglesia? — Es la catedral de Santiago.*
3. *¿Puedes darme **ese** libro? — ¿ **Este**?*
4. *¿Vives en **esta** ciudad? —**Eso** es, vivo aquí.*
5. ***Esa** ciudad está bastante sucia.*

SLE 11

1. *Kristina visita* **a** *Ana. Ana vive* **en** *Sevilla. Kristina no conoce Sevilla. La ciudad gusta mucho* **a** *Kristina.*
2. *María José busca un piso grande. Quiere comprar un piso* **en** *el centro de la ciudad. Llama* **al** *señor Conrado. El señor Conrado ofrece unos pisos* **a** *María José. Los pisos no gustan* **a** *su marido.*
3. *El señor García vende una casa en la ciudad. La casa gusta mucho* **a** *María José. Escribe una carta* **a** *su amiga.*
4. *¿Conoces* **a** *Pilar? — Sí, conozco* **a** *Pilar.*
5. *¿A quién busca José? — Busca* **a** *Carmen.*

SLE 12

1. *¿De dónde es Vd.? — Soy* **de** *Sevilla.*
2. *¿Adónde vas? Voy* **a** *casa.*
3. **Para** *ir* **a** *Granada se pasa* **por** *Córdoba. Quiero ir* **a** *Granada. Tengo unos amigos* **en** *esta ciudad.*
4. *Tienes que pasar* **por** *el supermercado* **para** *comprar algunas cosas.*
5. *Isabel vive* **en** *Barcelona* **desde hace** *seis meses.*
6. *¿Hay un buen restaurante* **por** *aquí? — Sí, hay un restaurante* **en** *esta calle,* **a** *la derecha.*
7. *Kristina compra una blusa* **por** *40 euros.*
8. **Después del** *desayuno, Kristina va a la universidad. Vuelve* **por** *la tarde.*

SLE 13

A.

7: 14	*Son las siete y catorce.*
10: 45	*Son las once menos cuarto.*
1: 15	*Es la una y cuarto.*
9: 30	*Son las nueve y media.*
3: 32	*Son las cuatro menos veintiocho.*
5: 17	*Son las cinco y diecisiete.*
9: 29	*Son las nueve y veintinueve.*
1: 45	*Son las dos menos cuarto.*
11: 02	*Son las once y pico / y dos.*
4: 15	*Son las cuatro y cuarto.*

B.

11-12-1991	*Es el once de diciembre de mil novecientos noventa y uno.*
2-3-1988	*Es el dos de marzo de mil novecientos ochenta y ocho.*
1-6-1995	*Es el primero/uno de junio de mil novecientos noventa y cinco.*
10-8-1812	*Es el diez de agosto de mil ochocientos doce.*

SLE 14

A.

1. meine Freundin: *mi amiga*
2. unser Freund: *nuestro amigo*
3. deine Freundinnen: *tus amigas*
4. unser Chef: *nuestro jefe*
5. eure Chefs: *vuestros jefes*
6. ihr Freund: *su amigo*
7. ihre Freundin: *su amiga*
8. unsere Freundin: *nuestra amiga*
9. eure Freundinnen: *vuestras amigas*
10. Ihr Chef: *su jefe*
11. dein Chef: *tu jefe*
12. mein Chef: *mi jefe*

B.

1. *¿Cuál es **tu/su** nombre?*
   *—**Mi** nombre es Juan.*
2. *¿Es **su** amigo, señor?*
   *—No, no es **mi** amigo.*
3. *¿Cómo se llaman **tus/sus** amigas?*
   —Se llaman Carmen y Isabel.
4. *Ese señor es **mi** amigo.*
   *—¿Cuál es **su** nombre?*
   *—**Su** nombre es Francisco.*
5. *¿Y cuáles son **sus** apellidos?*

SLE 15

A. *María y Enrique **necesitan** un piso grande. Para informarse **tienen que** llamar por teléfono a una agencia. Un poco más tarde, buscan el piso. **Debe de** estar cerca, pero no **pueden** verlo. **Tienen que** preguntar. **Hay que** / **Tienen que** tomar la primera calle a la derecha. La casa **tiene** dos plantas. **No tienen** que comprar una lavadora, porque ya **hay** una.*

B. *Luis **tiene que** escribir muchas cartas porque **necesita** un trabajo. El director de una empresa escribe que **puede** trabajar como respresentante. No **necesita** un coche, pero **tiene que** vestirse correctamente. **Tiene que** / **Hay que** viajar mucho. No **puede** estar con su familia todos los días. Luis cree que este trabajo **debe de** ser muy interesante para él.*

SLE 16

no trabajo	***no he trabajado***	*voy*	***he ido***
lee	***ha leido***	*escriben*	***han escrito***
están	***han estado***	*pongo*	***he puesto***
hago	***he hecho***	*dibuja*	***ha dibujado***
no duerme	***no ha dormido***	*vuelven*	***han vuelto***
eres	***has sido***	*dicen*	***han dicho***
no saben	***no han sabido***	*no digo*	***no he dicho***
no tienen	***no han tenido***	*compramos*	***hemos comprado***
viajáis	***habéis viajado***	*toman*	***han tomado***

SLE 17

1. *¿Es **tu/su** casa, Ana? —No, no es **mía**.*
2. *¿Son **tus/sus** libros, María? —Eso es, son **míos**.*
3. *¿Es **su** silla, señor? —No, no es **mía**.*
4. *No es la casa de Ana. ¿Es **tuya/suya,** María?*
5. ***Mi** barrio es muy tranquilo. ¿Cómo es el **suyo/tuyo**?*
6. *¿Quién es este señor? —Es **mi** amigo./Es un amigo **mío**.*
7. *Ese cuadro me gusta mucho. ¿Es **tuyo/suyo**, Carmen?*
8. *Nuestra ciudad es muy bonita. ¿Y la **tuya/suya**?*
9. *¿De quién son estas fotos. Son **tuyas/suyas**, Carlos? —Eso es, son **mías**.*
10. *Esa alfombra no me gusta. ¿Es **suya** señor? —No, no es **mía**.*

SLE 18

A.

1. *¿Conoces a Luis? —No, **no** conozco a él. ¿Y a Juanita? —**No** la conozco **tampoco**. No conozco **ni** a Luis **ni** a Juanita. No conozco **a nadie** en esta ciudad.*

   *¿Has comprado este collar? —**No**, no he comprado **nada**. **Nunca** compro collares en una estación.*

2. *Pepa y Pedro están en Madrid en una plaza. **Nadie** está en la plaza. Buscan la heladería «La Venecia». «**No** veo **ninguna** heladería por aquí. ¿Y tú?» — «Yo **no** la veo **tampoco**. Además **no** veo a **nadie** a quien podemos preguntar.»*
   *Hasta hoy **no** han estado **ni** en Madrid **ni** en la provincia. De repente ven a dos madrileños y les preguntan por la heladería, pero ni el uno ni el otro lo sabe. ¡Aunque son de Madrid no tienen **ni/ninguna** idea!*
   *Al final preguntan a un policía que les dice: «En este barrio **no** hay **ninguna** heladería. Además «La Venecia» **no** es una heladería sino un bar. Está cerca de la Plaza Santa Ana.»*

B.

1. *Ya es tarde. Hoy ya no puedo venir.*
2. *¿Ves a José? Todavía no puedo ver a José.*
3. *Carmen ya no trabaja. Ya no tiene dinero.*
4. *Luis no habla con nadie.*
5. *Luis no trabaja nunca. Nunca tiene dinero. Ana no trabaja tampoco. Ella tampoco tiene dinero.*

SLE 19

1. *Esta es la ciudad*
   *— **en la** que vivo.*
   *— **que** me gusta todavía.*
   *— **cerca de la que** está el Mar Mediterráneo.*
2. *Luis tiene un coche grande*
   *— **que** encanta muchísimo a Luis.*
   *— **que** ya tiene 15 años.*
   *— pero **que** yo odio.*
   *— **del que** está muy orgulloso.*
   *— **delante del que** duerme su gato »Felipe«.*
3. *Doña Luisa es una señora muy simpática **que** ya tiene 90 años. **Lo que** no le gusta son los jóvenes **que** juegan al baloncesto delante de su casita. Esta casita muy antigua, **detrás de la que** hay un jardín bonito, está en un barrio tranquilo **cerca del que** hay un campo de deportes. Por eso está siempre enfadada cuando los jóvenes juegan en la calle. Doña Luisa tiene solamente su gato **con (el) que** puede hablar un poco, y un vecino amable **que** la visita a veces.*

SLE 21

1. *¿Conoces a José? —No, no **le (lo)** conozco.*
2. *¿Conoces a Pilar y a Carmen? —No, no **las** conozco.*
3. *¿Dónde están los niños? —No **les (los)** veo.*
4. *¿Venden Vds. esa casa? —No, no **la** vendemos.*
5. *¿Granada gusta mucho a Carmen? —Sí, **le** gusta mucho.*
6. *¿Quieres conocer nuestra ciudad? —Sí, quiero conocer**la**.*
7. *¿Odias el fútbol? —Eso es, **lo** odio.*
8. *¿Dónde está Ana? —No **la** veo.*
9. *¿Tienes tú los billetes? —No, no **los** tengo.*
10. *¿Hablas con Kristina? —Eso es, hablo con **ella**.*

SLE 22

1. Ich sehe dich nicht.
   No te veo.
2. Ich rufe dich an.
   Te llamo.
3. Kannst du mich anrufen?
   ¿Puedes llamarme?
4. Ich freue mich, euch kennen zu lernen.
   Encantado/a de conoceros.
5. Diese Stadt gefällt uns nicht.
   Esta ciudad no nos gusta.
6. Gefällt Ihnen unsere Stadt?
   ¿Le/Les gusta nuestra ciudad?
7. Kannst du mir deine Adresse geben?
   ¿Puedes darme tu dirección?
8. Kannst du uns deine Adresse geben?
   ¿Puedes darnos tu dirección?
9. Ich gebe euch meine Adresse.
   ***Os doy mi dirección**.*
10. Ich suche dich.
    Te busco.
11. Das Haus scheint uns sehr gut [zu sein].
    La casa nos parece muy bien.
12. Aber es interessiert uns nicht.
    Pero no nos interesa.

SLE 23

1. *Luis **se levanta** a las siete. ¿Y tú?*
   *—**Me levanto** a las siete y media.*
   *Ana y Pilar ¿a qué hora **os levantáis**?*
   *—**Nos levantamos** a las ocho.*
2. *Carmen **se despierta** a las siete.*
   *A las siete y media **despierta a** Luis.*
3. *A las ocho **acuesta a** sus niños.*
   ***Se acuesta** a las once y media.*
4. *Todas las mañanas, tengo que **lavarme**, **me ducho**, **me seco**, **me lavo los dientes**, y entonces **me afeito**.*
   *No me gusta **mirarme** en el espejo.*
5. *A las ocho, Kristina **se va** para ir a la universidad.*

SLE 24

A.

1. *¿Me das tu bolso?*
   *—Sí, **te lo doy**.*
   *—No, no puedo **dártelo**.*
2. *¿Me das tu tarjeta de invitación?*
   *—Zí, **te la doy**.*
   *—No, no puedo **dártela**.*
3. *Camarero, por favor, ¿puede traerme una cerveza?*
   *—Sí, señor, **se la** traigo en seguida.*
4. *¿Puede traerme también una sopa?*
   *—Sí, **se la** traigo en seguida.*
5. *¿Nos dais los planos de la ciudad?*
   *—Sí, **os los** damos ahora mismo.*
6. *Medio kilo de queso, por favor.*
   *—**Se lo** doy en seguida.*
   *—No puedo dár**selo**. No queda nada.*
7. *¿Puede Vd. explicarme este problema por favor?*
   *—Pero ya **te lo** / **se lo** he explicado.*
   *—Voy a explic**ártelo**/explic**árselo** mañana.*

B.

1. *¿Me lo dices?*
2. *¿Te lo dice?*
3. *Te lo he dicho.*
4. *Se lo he dicho.*
5. *Voy a decírtelo.*
6. *Voy a decírselo.*
7. *No voy a decírselo.*
8. *No se lo he dicho.*

C.

1. ***Todos los** domingos, **toda la** familia ve una película. **Toda la** película no gusta a Ana.*
2. ***Todos los** amigos están en el bar.*
3. ***Todos los** niños del barrio juegan en este parque.*
4. ***Todos los** coches se venden.*
5. *Tienes que leer **todo el** libro.*

SLE 25

A.

Comprar:	*Compr**a**.*	*Compr**ad**.*
Vender:	*Vend**e**.*	*Vend**ed**.*
Alquilar:	*Alquil**a**.*	*Alquil**ad**.*
Subir:	*Sub**e**.*	*Sub**id**.*
Visitar:	*Visit**a.***	*Visit**ad**.*
Tomar:	*Tom**a**.*	*Tom**ad**.*
Ir:	*V**e**.*	***Id**.*
Tener:	***Ten**.*	*Ten**ed**.*

B.

Comprar:	*No compr**e**s.*	*No compr**é**is.*
Vender:	*No vend**as**.*	*No vend**á**is.*
Alquilar:	*No alquil**e**s.*	*No alquil**é**is.*
Subir:	*No sub**a**s.*	*No sub**á**is.*
Visitar:	*No visit**e**s.*	*No visit**é**is.*
Tomar:	*No tom**e**s.*	*No tom**é**is.*
Ir:	*No va**yas**.*	*No va**yáis**.*
Tener:	*No ten**gas**.*	*No ten**gáis**.*

C.

Comprar:	*Compr**e.***	*Compr**en**.*
Vender:	*Vend**a**.*	*Vend**an**.*
Alquilar:	*Alquil**e**.*	*Alquil**en**.*
Subir:	*Sub**a**.*	*Sub**an**.*
Visitar:	*Visit**e**.*	*Visit**en**.*
Tomar:	*Tom**e**.*	*Tom**en**.*
Estar:	*Est**é**.*	*Est**én**.*
Tener:	*Ten**ga**.*	*Ten**gan**.*
Ser:	*Se**a**.*	*Se**an**.*

SLE 26

1. *Las manzanas son **más** caras **que** las peras.*
2. *Las peras son **menos** caras/**más** baratas **que** las manzanas.*
3. *Las uvas son **más** caras **que** las peras.*
4. *Los plátanos son **tan** caros **como** las manzanas.*
5. *Las naranjas son **más** caras **que** las peras.*
6. *Los tomates son **más** baratos **que** los plátanos.*
7. *Las manzanas son **tan** caras **como** los plátanos.*

SLE 27

A.

1. dices	***digas***	*11. trae*	***traiga***
2. tomo	***tome***	*12. soy*	***sea***
3. sabe	***sepa***	*13. oye*	***oiga***
4. vamos	***vayamos***	*14. vale*	***valga***
5. doy	***dé***	*15. decís*	***digáis***
6. están	***estén***	*16. viven*	***vivan***
7. hace	***haga***	*17. entiendo*	***entienda***
8. tenemos	***tengamos***	*18. pones*	***pongas***
9. viene	***venga***	*19. van*	***vayan***
10. escribo	***escriba***	*20. estamos*	***estemos***

B.

1. *Pido* ***que te levantes*** *temprano.*
2. *Quiero* ***que te duches****.*
3. *Deseo* ***que te laves*** *los dientes.*
4. *Quiero* ***que te laves*** *también el pelo.*
5. *No quiero* ***que desayunes*** *en un bar.*
6. *Me alegro (de)* ***que tengas*** *muchos amigos.*
7. *Siento* ***que no tenga*** *más tiempo.*
8. *Estoy triste* ***que no podamos*** *salir de vacaciones juntos.*
9. *Vamos a salir* ***cuando tenga*** *tiempo.*

SLE 28

1. *Juan* ***está durmiendo****. Ana* ***está leyendo*** *un libro.*
2. *Pilar* ***está viendo*** *la televisión.*
3. *Enrique* ***está escuchando*** *música clásica.*
4. *Tomás* ***está yendo*** *al supermercado.*
5. *¿Qué* ***estás haciendo****, Enrique? —* ***Estoy afeitándome / Me estoy afeitando.***
6. *¿Y tú, Carmen? —* ***Estoy lavándome / Me estoy lavando.***
7. *¿Dónde están los niños? —* ***Están jugando*** *en el jardín.*
8. *¿A qué hora viene Antonio? — Ya* ***está viniendo****.*

SLE 29

1. *Sevilla es una* ***gran*** *ciudad* ***hermosa****, una ciudad* ***especial****.*
2. *Hay* ***muchos*** *monumentos* ***famosos****.*
3. *La Giralda es una torre muy* ***antigua****, recuerdo* ***fascinante*** *de la cultura* ***árabe****.*
4. *Las* ***otras*** *partes de la catedral son de estilo* ***gótico****.*
5. *Sevilla es una ciudad* ***alegre****, con* ***muchos*** *colores.*
6. *Hay casas* ***blancas*** *con flores* ***bonitas*** *en* ***todos*** *los balcones.*
7. *Hay también parques* ***tranquilos*** *para descansar.*
8. *En los barrios* ***modernos****, las calles son* ***anchas*** *y* ***ruidosas****, pero en el centro hay* ***muchas*** *calles* ***estrechas****.*

1. *María José y su marido buscan una casa* ***grande****.*
2. *Ahora viven en un piso* ***pequeño****.*
3. *Es un* ***tercer*** *piso en el centro.*
4. *Una agencia les ofrece una casa* ***maravillosa****, una casa que tiene* ***muchas*** *comodidades.*

■ Register zu den *S*elbst*L*ern*E*inheiten 1-30 (Band I)

Die erste Ziffer bezeichnet die SLE, die zweite (und eventuell dritte) den Teil der SLE, in der das Thema behandelt wird. Z = Zusatz-SLE Verbformen